Arroces

Edición
Equipo Cultural

Diseño de cubierta
Equipo Cultural

Fotografía
Gastromedia
Cordon Press

Textos
Equipo Cultural

EDICIÓN MMVII

CULTURAL, S. A.
Polígono Industrial Arroyomolinos
Calle C, núm. 15
28938 - MÓSTOLES - MADRID - ESPAÑA
www.grupocultural.com

Impresión: Ferré Olsina

ISBN: 978-84-8055-940-9 (Obra completa)
ISBN: 978-84-8055-944-7 (Del presente Tomo)

Depósito legal: B. 24.823

IMPRESO EN U.E. - *PRINTED IN E.U.*

Arroces

Arroz atollado con almejas

Tiempo de preparación: 60 minutos	Dificultad: Media	Para 4 personas

INGREDIENTES:

- **2 kg de almejas**
- **2 cebollas**
- **3 tomates**
- **3 zanahorias**
- **2 tazas de arroz**
- **2 cucharadas de mantequilla**
- **1 cucharadita de comino**
- **sal y pimienta**

ELABORACIÓN:

Lavar las almejas, ponerlas en una olla con un poquito de agua y cocerlas hasta que se abran; colar y reservar el caldo de cocción.

Quitar la concha de las almejas; pelar y picar finas las cebollas; trocear en daditos los tomates y las zanahorias.

Calentar la mantequilla en una cazuela y sofreír la cebolla; añadir el tomate, salpimentar y sofreír.

Agregar las almejas y rehogar; añadir unas 2 tazas de agua más otras 2 del caldo de cocción reservado y el comino y cocer a fuego moderado hasta que casi se consuma el líquido.

Añadir el arroz a la mezcla y rehogar. Reducir el fuego, corregir la sazón y cocer a fuego muy suave hasta que el arroz reviente y el líquido se evapore.

Servir caliente.

Arroz graneado

Tiempo de preparación: 18 minutos	Dificultad: Media	Para 4 personas

INGREDIENTES:

- **2 tazas de arroz**
- **palillo**
- **sal**

ELABORACIÓN:

Tostar el arroz en una sartén sin aceite ni mantequilla; remover constantemente con una cuchara de madera hasta que esté bien dorado.

Añadir, poco a poco y sin dejar de remover, el palillo y cocer durante 5 minutos; pasar a una olla y agregar 1 1/2 tazas de agua caliente con sal y cocer otros 5 minutos.

A medida que se consuma el líquido, agregar agua fría hasta terminar la cocción.

Arroz tres delicias

Tiempo de preparación: 30 minutos
Dificultad: Baja
Para 4 personas

INGREDIENTES:

- 4 vasos de arroz cocido
- 200 g de gambas frescas peladas
- 8 cucharadas de aceite y 1 de jerez
- 2 dientes de ajo picados
- 3 cebolletas picadas
- 2 huevos
- 1 vaso grande de guisantes cocidos
- 1 vaso pequeño de jamón york en dados
- 2 cucharadas de salsa de soja

ELABORACIÓN:

Calentar dos cucharadas de aceite en un wok o sartén y saltear el ajo picado y, en cuanto tome color, agregar las gambas cortadas en trozos de 1 centímetro.

Saltearlas removiendo hasta que estén casi cocidas y se vuelvan rosas.

Añadir el jerez y, en cuanto deje de sisear, retirar las gambas y reservarlas.

Batir los huevos en un recipiente aparte y salpimentar.

Revolver el arroz en un recipiente aparte para que quede suelto.

Poner dos cucharadas de aceite en un wok o sartén, añadir las cebolletas y sofreírlas durante 1 minuto. Echar los huevos batidos y remover con una espátula de madera hasta que estén secos y sueltos.

Añadir el arroz al wok y mezclar bien.

Añadir la salsa de soja y el jamón sin dejar de remover, y echar las gambas.

Mezclar y calentar bien todos los ingredientes.

Servir de inmediato.

Arroz con bacalao

Tiempo de preparación: 80 minutos
Dificultad: Alta
Para 6 personas

INGREDIENTES:

- **700 g de arroz**
- **500 g de bacalao**
- **1 cucharada de manteca de achiote**
- **80 g de alcaparras**
- **1 taza de aceite de oliva**
- **sal**

Para la salsa:

- **150 g de tocino**
- **1 cebolla mediana**
- **2 tomates rojos**
- **1 pimiento verde**
- **2 ajíes dulces**
- **4 dientes de ajo**
- **1 ramita de apio**
- **orégano**

ELABORACIÓN:

Poner, la víspera, el bacalao en remojo cambiándole el agua 2 o 3 veces.

Quitar al bacalao la piel y las espinas; cocer en abundante agua.

Cortar en cubitos el tocino; pelar y trocear menudos los tomates y la cebolla; trocear menudos el pimiento, los ajíes y la ramita de apio.

Pelar y poner los dientes de ajo enteros en un mortero, añadirles sal y majarlos hasta lograr una pasta homogénea; añadir la cebolla, el pimiento, los ajíes, el apio y, por último, los tomates y el orégano.

Calentar en una cazuela 1/2 taza de aceite y sofreír el tocino; añadir la mezcla anterior y rehogar durante 10 minutos; reservar esta salsa.

Desmenuzar el bacalao cocido; calentar el resto del aceite y sofreír el bacalao durante 5 minutos.

Añadir la salsa reservada, la manteca de achiote, las alcaparras y 6 tazas de agua, corregir la sazón de sal y cocer a fuego moderado hasta que suelte el hervor.

Agregar el arroz, remover con una cuchara de madera y cocer a fuego vivo durante 8 minutos; reducir a fuego suave, tapar la cazuela y continuar la cocción hasta que el arroz esté en su punto.

Risotto de tomate y albahaca

Tiempo de preparación: 45 minutos   Dificultad: Media   Para 4 personas

Ingredientes:

- **1 cebolla**
- **2 dientes de ajo**
- **400 g de arroz**
- **16 tomates secos en aceite**
- **6 tomates rojos**
- **1 ramillete de albahaca fresca**
- **cebollino**
- **berros o canónigos**
- **rúcula**
- **1 cuña de queso parmesano**
- **sal**
- **azúcar**
- **1 l de caldo de verduras**
- **aceite de oliva virgen extra**

Elaboración:

Hacer un sofrito con la cebolla y los ajos picados; añadir los tomates pelados, sin semillas y cortados en dados.

Dejar sofreír hasta que se evapore el agua y se caramelice; agregar unas hojas de albahaca picadas, 1 cc de azúcar y poner a punto de sal.

En una olla con una gota de aceite, sofreír el arroz durante un par de minutos. Añadir el sofrito de tomate y mojar con el caldo poco a poco durante 10 min. Incorporar entonces los tomates secos bien escurridos y dejar hervir durante 8 minutos más, agregando más caldo y removiendo cuando sea necesario.

Poner a punto de sal y añadir un par de cucharadas de aceite de oliva virgen.

Servir el arroz en los platos y sobre él una pequeña ensalada de hierbas (albahaca, cebollino, perifollo, rúcula, canónigos...), mezclada con unas láminas finas de queso parmesano; se ha de procurar también repartir los tomates secos, cuyo sabor es bastante intenso.

Sugerencia:

Si se desea, triturar unas hojas de albahaca con aceite de oliva y regar con ello.

Arroz con carne y frutos secos

Tiempo de preparación: 60 minutos   Dificultad: Media   Para 4 personas

INGREDIENTES:

- **2 vasos de arroz**
- **1/4 kg de carne**
- **1/2 vaso de aceite**
- **4 vasos de agua o caldo**
- **piñones y almendras**
- **pasas de corinto**

ELABORACIÓN:

Calentar un poco de aceite, freír las almendras sin piel, cuando tomen color dorado sacarlas. Freír los piñones, sacarlos de la sartén y dejar que reposen sobre un papel absorbente. Poner las pasas en un cuenco con agua templada, para que ablanden, escurrir y dejar secar.

En una cazuela grande, freír la carne en el aceite que queda durante 5 minutos, salar y añadir pimienta y especias, si se desea.

Añadir a la carne el agua o caldo, dejar hervir, echar el arroz, bajar el fuego al mínimo y dejar cocer, hasta que se seque el agua.

Servir caliente, adornar con pasas, almendras y piñones.

Arroz con calamares y coco

Tiempo de preparación: 60 minutos   Dificultad: Media   Para 4 personas

INGREDIENTES:

- **300 g de calamanes frescos**
- **350 g de arroz**
- **1 cebolla pequeña**
- **1 pimiento**
- **1 tomate pequeño**
- **1/2 taza de leche de coco**
- **comino**
- **perejil**
- **3 cucharadas de aceite**
- **sal y pimienta**

ELABORACIÓN:

Lavar los calamares y quitarles la bolsita de tinta; picar muy finos la cebolla, medio pimiento y el perejil; pelar y picar fino el tomate.

Calentar en una cacerola el aceite y dorar los calamares; añadir la cebolla, el pimiento, el perejil, el tomate, unos granos de comino y salpimentar. Cocer a fuego suave durante unos 15 minutos.

Lavar y escurrir el arroz y añadirlo al sofrito; cocer unos 3 minutos.

Hervir agua aparte y añadirla al sofrito como para hacer arroz seco; cocer a fuego vivo durante unos 10 minutos, reducir el fuego y continuar la cocción unos 20 minutos.

Añadir la leche de coco, removiendo para que se impregne bien el arroz; cocer durante unos 2 minutos.

Retirar del fuego y dejar reposar unos 10 minutos antes de servir.

Remover con un tenedor para que los ingredientes se mezclen.

Arroz con tomate y berenjena

Tiempo de preparación: 50 minutos
Dificultad: Media
Para 4 personas

Ingredientes:

- **1 berenjena mediana alargada**
- **400 g de arroz**
- **3 tacitas de aceite de oliva**
- **azafrán**
- **1 cucharadita de pimentón**
- **sal**

Elaboración:

Lavar los pimientos, trocearlos y quitarles las semillas y el tallo.

Despuntar las judías verdes, enjuagarlas y trocearlas.

Pelar y trocear los ajos tiernos.

Limpiar de hojas duras las alcachofas, cortar las puntas y trocearlas poniéndolas en agua con zumo de limón.

Pelar y trocear la berenjena.

Calentar el aceite en una paella al fuego y freír por esta sartén la berenjena; sacar y reservar.

Añadir una cucharadita de pimentón y unos 3 litros de agua caliente.

Agregar un poco de sal y una pizca de azafrán.

Cocer a fuego medio 30 minutos. Añadir la berenjena y continuar la cocción unos 15 minutos más.

Rectificar de sal si es necesario. Echar el arroz, repartido por igual.

Cocer a fuego vivo los 10 primeros minutos y a fuego gradualmente rebajado los 8 ó 10 restantes. Probar unos granos de arroz para verificar el punto de cocción.

Retirar del fuego, añadir la salsa de tomate, dejar reposar 5 minutos y servir.

Arroz basmati con manzana roja

Tiempo de preparación: 50 minutos
Dificultad: Media
Para 4 personas

INGREDIENTES:

- **360 g de arroz basmati**
- **1 dl de aceite de oliva**
- **1 diente de ajo**
- **1 punta de cayena**
- **300 g de manzana roja**
- **40 g de pasas de corinto**
- **100 g de melocoton**
- **2 rodajas de piña**

ELABORACIÓN:

Hervir el arroz, dejarlo al punto y reservar una vez colado. Mientras el arroz hierve hacer pequeñas bolitas de manzana, sin pelarlas, para mantener visible el color rojo de su piel. También cortar en dados la piña y el melocotón.

Poner una sartén a calentar con un chorrito de aceite de oliva; añadir el ajo laminado y la punta de cayena. Cuando empiece a dorar el ajo agregar el arroz hervido. Por último agregar las pasas de corinto, el melocotón y la piña.

Realizar el emplatado de esta ensalada colocando en el centro del plato un molde circular que se rellenará con el arroz, el melocotón, la piña y las pasas.

Decorar con la manzana dejando siempre visible el color rojizo de la piel.

Arroz blanco

Tiempo de preparación: 15 minutos | Dificultad: Baja | Para 2 personas

INGREDIENTES:

- **1 taza de arroz de grano largo**
- **1/4 l de agua**

ELABORACIÓN:

Calentar el agua y echar en ella el arroz, dejando destapado el recipiente.

Revolver el arroz con una cuchara de madera o con unos palillos y cocerlo unos 4 minutos.

Al evaporarse el agua, tapar el recipiente y continuar la cocción a fuego moderado unos 8 minutos más, revolviendo de tanto en tanto.

El arroz está en su punto cuando ha absorbido totalmente el agua y sus granos están hinchados y consistentes. Retirarlo entonces del fuego, separar sus granos con unos palillos y tapar el recipiente hasta el momento de servirlo.

Arroz negro con calamares

Tiempo de preparación: 60 minutos   Dificultad: Media   Para 4 personas

INGREDIENTES:

- **350 g de sepias**
- **300 g de calamares**
- **2 dl de vino blanco seco**
- **1 diente de ajo**
- **2 hojas de laurel**
- **1 cebolla**
- **1,5 l de caldo de pescado**
- **400 g de arroz redondo**
- **2 cucharadas de perejil**

ELABORACIÓN:

En un puchero freír lentamente el ajo picado y el laurel en el aceite de oliva. Cuando el ajo esté un poco dorado, retirar las hojas de laurel y picarlas.

Bajar el fuego y añadir las sepias y los calamares limpios y en trozos, así como la tinta de ambos. Si fuera congelada, desleirla en una cucharada de vino blanco tibio.

Al cabo de unos minutos, añadir las hojas de laurel trituradas y dejar reducir sin tapar.

Poner una paellera al fuego, verter el aceite y echar la cebolla finamente picada hasta que aparezca transparente

Añadir el arroz y remover constantemente mientras se frie un poquito.

Verter el vino y dejar que se vaya evaporando, añadiendo un poco más de la mitad del caldo de pescado. Cocer durante unos 10 minutos.

Añadir el resto del caldo asi como las sepias y los calamares en su tinta ya sofritos.

Comprobar el punto de sal y cocer durante 10-15 minutos hasta que el arroz esté en su punto.

Arroz negro peruano

Tiempo de preparación: 60 minutos   Dificultad: Media   Para 4 personas

INGREDIENTES:

- **3 tazas de arroz**
- **1/4 kg de aceituna**
- **1/4 kg de pasas**
- **1/4 kg de mollejas**
- **1 diente de ajo**
- **sal y aceite**

ELABORACIÓN:

Freír el ajo en el aceite y licuar la aceituna calculando que reste una taza de este licuado. Añadir éste a la olla junto con el ajo.

Incorporar aproximadamente dos tazas de agua con sal, según el gusto de los comensales.

Sancochar las mollejas e incorporarlas al guiso.

Dejar que hierva.

Agregar el arroz al guiso junto con las pasas y dejar que se haga al punto.

Arroz con carne

Tiempo de preparación: 60 minutos Dificultad: Baja Para 6 personas

INGREDIENTES:

- **500 g de carne de buey**
- **2 tazas de arroz**
- **1 cebolla mediana**
- **1 tomate**
- **1 pimiento morrón**
- **100 g de arvejas (guisantes)**
- **2 dientes de ajo**
- **1 cucharada de aceite**
- **pimentón**
- **sal y pimienta**

ELABORACIÓN:

Lavar y escurrir el arroz; pelar y picar muy fina la cebolla; cortar en tiritas el pimiento; cortar en cuartos el tomate; machacar los ajos; trocear la carne.

Calentar el aceite en una cazuela y dorar los ajos, la cebolla y el tomate; añadir el pimentón y salpimentar; remover y rehogarlo todo.

Agregar la carne y removerla hasta que se dore.

Cubrir con agua y añadir las arvejas; tapar la cazuela y dejar cocer a fuego suave durante unos 20 minutos.

Añadir el arroz, el pimiento y agua suficiente para que se haga el arroz; tapar la cazuela y dejar cocer hasta que el arroz esté tierno.

Arroz con champiñones y salsa de soja

Tiempo de preparación: 30 minutos Dificultad: Baja Para 4 personas

INGREDIENTES:

- **2 tazas de arroz integral**
- **2 cebollas**
- **250 g de champiñones**
- **aceite de oliva**
- **salsa de soja**
- **1 ramita de perejil**
- **sal**

ELABORACIÓN:

Lavar, escurrir y cocer el arroz en agua ligeramente salada.

Pelar y cortar finas las cebollas; lavar los champiñones, quitar su base arenosa y cortarlos en rodajas muy finas; picar finamente el perejil.

Calentar en una cacerola 1 cucharada de aceite de oliva y dorar a fuego suave la cebolla; añadir los champiñones, mezclar y rehogar unos minutos.

Escurrir bien el arroz y añadirlo a la mezcla anterior, removiéndolo bien; salar y a-gregar el perejil y la salsa de soja, y cocer a fuego suave unos 15 minutos.

Servir caliente.

Arroz caldoso de morcilla y pichón

Tiempo de preparación: 90 minutos | Dificultad: Alta | Para 4 personas

INGREDIENTES:

- **4 pichones de 400 g**
- **1 cebolla**
- **3 dientes de ajo**
- **tomillo**
- **200 g de morcilla de cebolla**
- **400 g de arroz**
- **aceite de oliva**
- **sal**
- **pimienta**
- **perejil**
- **tomillo**

Para el caldo de pichón:

- **1 cebolla**
- **1 puerro**
- **1 cabeza de ajos**
- **5 chalotas**
- **1 ramita de tomillo**
- **200 ml de vino tinto**

Para la picada:

- **interiores de los pichones**
- **2 dientes de ajo**
- **50 g de almendras crudas**

ELABORACIÓN:

Limpiar los pichones de plumas y de interiores (reservando estos). Asarlos dejándolos poco hechos y deshuesarlos, dejando las pechugas por un lado y las patitas por otro.

Para el caldo de pichón: en un puchero con un poco de aceite de oliva, saltear los huesos.

Cuando estén doradas, añadir la verdura lavada y cortada y sofreír todo junto.

Agregar el vino y el tomillo. Evaporar los alcoholes y cubrir con agua. Dejar cocer durante 1 hora aproximadamente, probar de sal y colar.

Para la picada: en una sartén, saltear por separado los interiores de los pichones, los ajos y las almendras.

Majarlo todo en un mortero y reservar.

En un puchero ancho, sofreír la cebolla picada con el ajo; añadir la morcilla sin la tripa y desmenuzada; agregar el arroz y sofreír todo junto durante unos minutos.

Incorporar 1200 ml de caldo de pichón y cocer durante 14 minutos.

Pasado este tiempo, añadir la picada, un poco de tomillo picado, cocer 3 minutos más y reposar otros 3.

Mientras, acabar de hacer las pechugas y los muslitos en una sartén con un poco de aceite, sal y pimienta.

SUGERENCIA:

Servir el arroz caldoso en un plato sopero y encima las pechugas fileteadas. Poner el muslito en el centro y añadir pimienta negra recién cascada, perejil picado y una ramita de tomillo.

Arroz con bogavante y gambas

Tiempo de preparación: 60 minutos | Dificultad: Media | Para 4 personas

INGREDIENTES:

- **2 bogavantes**
- **1/2 kg de gamba pelada**
- **4 dientes de ajos secos**
- **1 cebolla mediana trinchada fina**
- **1 tomate rallado**
- **1 l de caldo de morralla**
- **1 dl de aceite de oliva**

ELABORACIÓN:

Se cortan los bogavantes por la mitad (de arriba abajo), y se les quita la arena que tengan en la cabeza y en la tripa a lo largo de la molla. Se pone el paellero al fuego, se sofríen los bogavantes y se dejan reservados.

Seguidamente se agrega la cebolla y el ajo trinchado, y cuando este sofrito se incorpora el tomate dando unas vueltas durante dos o tres minutos.

Seguidamente se sofríen las gambas peladas y hecho esto se agrega el arroz. Dar vueltas, mojar con el caldo de morralla y dejar cocer durante 15 minutos.

Los bogavantes los pondremos a los siete minutos con las bocas machacadas para que el arroz coja más sabor.

Arroz al horno

Tiempo de preparación: 25 minutos | Dificultad: Baja | Para 4 personas

INGREDIENTES:

- **250 g de arroz**
- **4 huevos**
- **3/4 de litro de caldo de carne**
- **1 tomate**
- **1 cucharadita de perejil picado**
- **aceite**

ELABORACIÓN:

Poner el aceite en una cazuela (preferentemente de barro) y freír el tomate pelado y partido en trocitos.

Añadir el arroz y el perejil, se mezcla y se incorpora el caldo de carne.

Meter la cazuela en el horno y se deja cocer 15 minutos.

Batir los huevos y echarlos por encima del arroz.

Meter de nuevo en el horno hasta que se dore.

Arroz con curry y brócoli

Tiempo de preparación: 45 minutos
Dificultad: Baja
Para 6 personas

INGREDIENTES:

- **300 g de arroz**
- **500 g de brócoli**
- **1 cucharada de jugo de limón**
- **2 cucharadas de aceite de oliva**
- **1 berenjena**
- **sal**

ELABORACIÓN:

Ponemos el arroz en una bandeja, con el jugo de limón y el aceite de oliva, la sal y el agua de forma que lo cubra y dos dedos más.

El brócoli cortado en ramitos y la berenjena con su piel se coloca en una bandeja de horno a una temperatura de 100 grados durante 10 minutos; retiramos.

Volvemos a programar a la misma temperatura durante 8 minutos, para terminar de hacer el arroz.

Mezclamos el arroz con el brócoli, el vacío de la berenjena en una fuente, junto con la cáscara sobrante partida en trozos; hacemos la salsa mezclando todos los ingredientes que nos faltan y añadimos por encima.

Arroz a la catalana

Tiempo de preparación: 45 minutos
Dificultad: Baja
Para 6 personas

Ingredientes:

- **500 g de arroz**
- **1 conejo**
- **3 butifarras**
- **250 g de costillas de cerdo**
- **150 g de jamón**
- **3 cebollas**
- **2 pimientos rojos**
- **3 dientes de ajo**
- **5 cucharadas de aceite**
- **sal**
- **perejil**

Elaboración:

Pelar y picar la cebolla; picar finamente el perejil y los dientes de ajo; a continuación, trocear el pollo y el conejo, y, finalmente, picar bien el jamón.

Asar los pimientos; pelarlos, cortarlos en tiritas y reservarlos.

Calentar en una cazuela el aceite y rehogar la cebolla hasta que tome color; añadir el conejo, las costillas de cerdo y el jamón y sofreír unos minutos.

Agregar el arroz y agua en proporción doble, salar y cocer a fuego vivo durante unos 15 minutos.

Añadir los ajos, el perejil y los pimientos, corregir la sazón y cocer unos minutos más antes de servir.

Brochetas de pollo con arroz especiado

Tiempo de preparación: 30 minutos Dificultad: Media Para 4 personas

INGREDIENTES:

- **250 g de arroz basmati**
- **600 ml de caldo de ave**
- **1 cebolla**
- **2 dientes de ajo**
- **3 clavos de olor**
- **1 cc de curry**

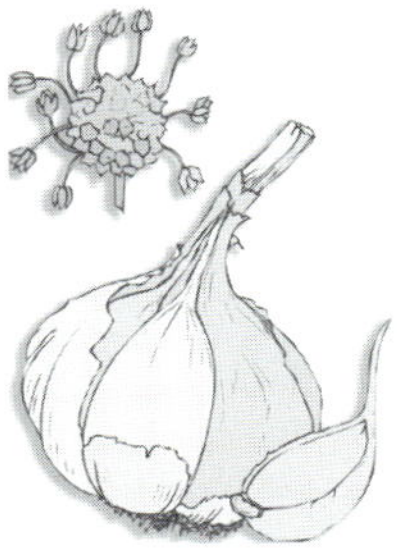

Para las brochetas:

- **2 pechugas de pollo cortadas en dados**
- **1 cucharada de miel**
- **pimienta negra**
- **1 cucharadita (de las de café) de curry**
- **5 cucharadas de aceite de sésamo**
- **1 cucharada de semillas de sésamo sin tostar**
- **1 cucharadita (de las de café) de jengibre molido**
- **sal**

ELABORACIÓN:

Mezclar en un cuenco amplio la carne con el curry, la miel, la pimienta, el sésamo, el aceite y el jengibre. Poner a punto de sal, teniendo en cuenta que las especias ya aportan una considerable cantidad de sabores.

Dejar en maceración un par de horas en la nevera. Pasado ese tiempo, formar las brochetas insertando la carne en los pinchos y reservarlos hasta el momento de cocinarlos.

Sofreír en una olla la cebolla picada y los ajos hasta que estén transparentes. Incorporar los clavos y el arroz lavado y escurrido; sofreír durante 1 minuto e incorporar el curry. Mojar con el caldo, poner a punto de sal y dejar cocer durante 10 minutos tapado, dejándolo reposar un par de min más.

SUGERENCIA:

Hacer las brochetas en la plancha y servirlas con el arroz, espolvoreando con cilantro muy picado por encima y acompañando con algún toque verde, como rúcola.

Arroz con chipirones y ajos tiernos

Tiempo de preparación: 45 minutos
Dificultad: Media
Para 4 personas

INGREDIENTES:

- **600 g de arroz**
- **400 g de chipirones**
- **400 g de ajos tiernos**
- **3 porciones de pescado**
- **3 tomates naturales**
- **aceite de oliva**
- **azafrán**
- **ajos secos**
- **agua**

ELABORACIÓN:

Para preparar el fondo se fríen los ajos y el tomate. Se echan junto con el azafrán en un recipiente donde estará hirviendo el agua. Los chipirones también se fríen y se agregan.

A su vez se pone el pescado dejando hervir quince minutos. Transcurrido este tiempo se cuela todo para extraer el caldo.

Preparación del arroz:

En un recipiente de barro se rehogan el arroz y los chipirones en ocho cucharadas de aceite. Después se moja con el caldo, cubriéndolo.

Se deja a fuego fuerte durante 10 minutos comprobando la sal. Con siete minutos a fuego lento queda listo para servir.

Pescados para el fondo: cintas, cabotes, raspallones, etc.

Arroz con carne y guisantes

Tiempo de preparación: 45 minutos
Dificultad: Media
Para 4 personas

Ingredientes:

- **725 g de carne de cerdo**
- **435 g arroz**
- **145 g de salsa criolla**
- **800 ml de caldo claro**
- **sal**
- **pimienta**
- **colorante vegetal**
- **laurel (1 hoja)**
- **comino**
- **50 ml vino tipo Jerez**
- **35 ml aceite vegetal**
- **50 g pimientos morrones**
- **100 g guisantes**
- **125 g huevos duros**

Elaboración:

Limpiar la carne de cerdo extrayendo los huesos y cortándolos en pedazos de 4 centímetros aproximadamente.

Rehogar el arroz, freír suavemente durante 10 minutos la carne de cerdo y extraerle la grasa que despide de la cocción.

En cazuela de barro, puesta al fuego, mezclar la carne de cerdo, arroz, Salsa Criolla y las especias secas majadas, verter el caldo ya coloreado, dejar hervir, cuando el grano comience a abrir, puntear de sal e introducir en el horno 190 °C durante 15 minutos.

Se sirve en cazuela de barro o moldeado en plato de asado, se decora con tiras de pimientos, guisantes y cuartos de huevos duros.

Arroz con pulpo y almejas

Tiempo de preparación: 35 minutos

Dificultad: Media

Para 4 personas

INGREDIENTES:

- **400 g de arroz**
- **300 g de pulpo cocido**
- **300 g de almejas**
- **2 tomates rojos**
- **1 pimiento verde**
- **1 cebolla**
- **3 dientes de ajo**
- **1200 ml de caldo de pescado**
- **aceite de oliva**
- **sal**
- **unas hebras de azafrán**

ELABORACIÓN:

Cortar los tentáculos de pulpo en trozos de un par de centímetros.

En una paella con aceite, dorar los tentáculos y retirarlos; añadir la cebolla, el pimiento y el ajo, todo ello picado.

Sofreír e incorporar los tomates rallados. Una vez que el tomate se haya sofrito, agregar el arroz y dejarlo unos minutos sin parar de remover.

Mojar con el caldo hirviendo, repartir el arroz y añadir el azafrán.

Dejar que hierva 10 minutos y, en ese momento, incorporar las almejas y el pulpo.

Ponerlo a punto de sal y cocinar 5 ó 6 minutos más.

SUGERENCIA:

Retirarlo del fuego, dejarlo reposar unos minutos y servir en los platos, espolvoreando con perejil muy picado.

Arroz en nidos de tomate

Tiempo de preparación: 18 minutos | Dificultad: Media | Para 4 personas

INGREDIENTES:

- **4 tomates**
- **arroz blanco**
- **lonchas de queso para fundir**
- **queso rallado**
- **orégano**
- **laurel molido**

ELABORACIÓN:

Coja cuatro tomates por persona, maduros pero firmes y tersos y lávelos; córteles la parte superior y resérvela.

No debe arrancarse el rabito verde.

Con una cucharilla vacíelos de su pulpa.

Haga aparte un arroz blanco.

Mezcle el arroz con la pulpa del tomate y añada una buena cantidad de queso rallado.

Añada laurel y orégano.

Rellene con esto los tomates.

Ponga encima de cada uno una loncha de queso, de cualquier queso que pueda fundirse.

Encienda el horno y póngalo a 200 grados.

Meta ahora los tomates en una fuente refractaria y téngalos 20 minutos.

SUGERENCIA:

Coloque un par de tomates por persona en un plato.
El queso se habrá fundido y formado una bonita capa tostada por encima de cada tomate.
Coloque el sombrero y dibuje en cada plato unos hilos de aceite.

Arroz brut

Tiempo de preparación: 30 minutos
Dificultad: Media
Para 4 personas

Ingredientes:

- **200 g de sepia fresca limpia**
- **200 g de magro de cerdo**
- **1/2 kg de habas tiernas**
- **6 alcachofas medianas**
- **200 g de judías anchas o garrafones**
- **4 tiras anchas de pimiento rojo**
- **2 cebollas**
- **6 dientes de ajo**
- **2 ramas de perejil**
- **2 l de agua**
- **aceite**
- **sal**
- **colorante**

Elaboración:

Poner la paella a fuego lento con un poco de aceite e ir rehogando por este orden: los pimientos que retiraremos, la sepia unos minutos, el magro, las judías troceadas, las alcachofas limpias y troceadas y las habas.

Una vez bien pochadito todo, añadir al conjunto una picada fina de ajos y perejil. Agregar también el arroz mezclándolo con una cuchara de madera.

Incorporar el agua caliente y un poco de colorante, dejar a fuego vivo durante unos 10 minutos y otros 10 a fuego moderado decorando con las tiras de pimiento rojo.

Arroz al curry al estilo indio

Tiempo de preparación: 30 minutos
Dificultad: Media
Para 4 personas

INGREDIENTES:

- **1 pimiento rojo y otro verde**
- **1 zanahoria**
- **un poquito de brócoli o coliflor**
- **150 g de champiñones**
- **100 g de pasas de corinto**
- **especias de curry**
- **sal**
- **1/4 de arroz**

ELABORACIÓN:

Se saltean las verduras en la sartén.

Cocemos el arroz integral aparte según las indicaciones del paquete.

Cuando ambos están tiernos, los mezclamos añadiendo las especias diluidas en un poquito de agua.

Arroz con níscalos

Tiempo de preparación: 35 minutos

Dificultad: Baja

Para 4 personas

INGREDIENTES:

- **250 g de arroz**
- **500 g de níscalos**
- **1 cebolla pequeña**
- **2 dientes de ajo**
- **1 cucharadita de pimentón**
- **aceite y sal**

ELABORACIÓN:

Limpiar bien los níscalos, lavarlos y trocearlos.

Poner el aceite en una cazuela y sofreír los ajos y la cebolla picados. Antes de que se doren añadir el pimentón y remover bien con una cuchara de madera.

Agregar los níscalos, sazonar y dejarlos hacer moviéndolos de vez en cuando hasta que se consuma el líquido que sueltan.

Añadir el arroz y el doble de agua. Dejar cocer 20 minutos.

Tiene que reposar un rato antes de servirlo.

Arroz con chipichipi

Tiempo de preparación: 50 minutos

Dificultad: Baja

Para 4 personas

INGREDIENTES:

- **500 g de arroz**
- **12 chipichipis (especie de ostras)**
- **1 cebolla**
- **1 tomate**
- **2 ajíes dulce**
- **1 cebollín**
- **1 diente de ajo**
- **2 cucharadas de alcaparras**
- **sal**
- **pimienta**

ELABORACIÓN:

Lavar y sacar de sus conchas los chipichipis; hervirlos en 3 tazas de agua ligeramente salada junto con el cebollín, 1 ají dulce y el diente de ajo pelado.

Picar finos el tomate, la cebolla y el ají restante.

Cocer el arroz en una cazuela con poca agua ligeramente salada, hasta que suelte el hervor.

Retirar los chipichipis y colar el caldo.

Añadirlos al arroz junto con una taza de su caldo, la cebolla, el tomate y el ají dulce picados y la alcaparra; sazonar con pimienta y dejar hervir hasta que el arroz esté tierno.

Arroz a las finas hierbas del Pirineo aragonés

Tiempo de preparación: 25 minutos | Dificultad: Media | Para 4 personas

INGREDIENTES:

- **200 g de arroz**
- **1 escalonia**
- **200 g de mantequilla**
- **1/2 l de caldo**
- **1 ramita de romero**
- **1 ramita de tomillo**
- **1 ramita de lavanda**
- **sal**

ELABORACIÓN:

Rehogar la escalonia con 100 g de mantequilla, incorporar el arroz y darle unas vueltas.

Disponer un bouquet garní elaborado con tomillo, romero, lavanda; mojar con el caldo y sazonar.

Cocer a fuego suave durante 20 minutos, dejar reposar 10 minutos, y antes de servir, peinar con un tenedor los 100 g de mantequilla restantes. Servir en forma de timbal.

Arroz al caldero

Tiempo de preparación: 80 minutos | Dificultad: Media | Para 6 personas

INGREDIENTES:

- **600 g de arroz**
- **1 kg de rape**
- **1 kg de mero**
- **6 pimientos secos**
- **1/2 kg de pimientos morrones**
- **6 dientes de ajo**
- **1/2 kg de tomates**
- **salsa alioli**
- **1 lata de maiz tierno**
- **aceite y sal**

ELABORACIÓN:

Cortar y lavar los pescados y sazonarlos.

En una cazuela con aceite freír los pimientos secos removiendo para que no se quemen. Cuando se doren, ponerlos en un mortero junto con tres dientes de ajo y 100 g de pimientos morrones. Machacar con un poco de sal hasta lograr una pasta muy homogénea.

Con el tomate, preparar un sofrito, añadiéndole el contenido del mortero con un poco de agua.

Poner el pescado en la cazuela, con el sofrito y agua suficiente para cubrirlo. Dejar en el fuego hasta que empiece a hervir. Entonces, pasar a una fuente, reservando el caldo.

Freír unos ajos picados y cuando se doren, ponerlos sobre el pescado, sirviéndolo, ya que se come en primer lugar.

Poner a hervir el caldo del pescado con el arroz y el resto de los pimientos morrones en tiras, durante 15 minutos. Servir el arroz con el alioli mezclado con el maiz, y después el pescado.

Arroz con estomaguillo de ternera

Tiempo de preparación: 60 minutos | Dificultad: Media | Para 4 personas

INGREDIENTES:

- **200 g de arroz**
- **500 g de estomaguillo (falda)**
- **1 cebolla pequeña**
- **4 tomates**
- **1 pimiento**
- **2 dientes de ajo**
- **1 hojita de laurel**
- **canela molida**
- **5 cucharadas de aceite**
- **sal y pimienta**

ELABORACIÓN:

Trocear la carne; pelar y picar la cebolla; picar los ajos; pelar, despepitar y picar los tomates; despepitar y picar el pimiento.

Calentar el aceite y dorar la carne; añadir la cebolla y el ajo y sofreír a fuego moderado durante 5 minutos.

Agregar el tomate con su jugo y el pimiento; sazonar con el laurel, una pizca de canela, pimienta y sal y cocer a fuego suave durante 30 minutos.

Añadir el arroz y 2 tazas de agua caliente, corregir la sazón, tapar y cocer hasta que el arroz esté en su punto.

Suele servirse acompañado de ensalada de lechuga y tomate.

Paella de conejo con verduras

Tiempo de preparación: 50 minutos
Dificultad: Media
Para 4 personas

INGREDIENTES:

- **400 g de arroz**
- **1 kg de conejo**
- **200 g de caracoles en conserva**
- **1 l de caldo de ave**
- **1 cebolla**
- **100 g de setas**
- **100 g de judías verdes**
- **1 pimiento verde**
- **1 pimiento rojo**
- **2 tomates rojos**
- **5 dientes de ajo**
- **1 cucharada de almendras**
- **1 ramita de romero**
- **aceite de oliva**
- **sal**

ELABORACIÓN:

Limpiar el conejo y trocearlo, reservando los higaditos. En una paella, dorar los ajos, las almendras y los higaditos. Pasarlo a un mortero, majarlo y reservarlo.

En la misma paella, dorar el conejo sazonado y añadir la cebolla picada, el pimiento, las setas y judías cortadas, además del resto de los ajos picados, la ramita de romero y los tomates cortados en dados. Rehogar todo junto y añadir el arroz, dejándolo sofreír unos minutos.

Añadir el caldo, incorporar los caracoles, ponerlo a punto de sal y dejar cocer durante 18 min, añadiendo a mitad de cocción el majado diluido con un poco de caldo.

Dejar reposar el arroz un par de minutos y servir en los platos repartiendo el conejo, los caracoles y las verduras.

Arroz con pasas y especias

Tiempo de preparación: 90 minutos Dificultad: Media Para 6 personas

INGREDIENTES:

- **400 g de arroz integral**
- **1 kg de zanahorias**
- **1 cebolla grande**
- **100 g de pasas de Corinto**
- **100 g de ghee o mantequilla**
- **1 cucharadita de cardamomo**
- **1 cucharadita de canela**
- **1 cucharadita de comino**
- **1 cucharadita de clavo**
- **1 pizca de azafrán**
- **1 cucharada de azúcar**
- **sal y pimienta**

ELABORACIÓN:

Pelar la cebolla y picarla muy fina; pelar la zanahoria y cortarla en daditos.
Fundir en una sartén 20 g de ghee, dorar la cebolla y reservar.
Fundir 50 g de ghee en la misma sartén y rehogar las zanahorias; añadir azúcar, sal y pimienta y cocer hasta que se ablanden, añadiéndoles un poco de agua si se secan demasiado, y reservar.
Pasar por la sartén las pasas hasta que se hinchen; reservar.
Calentar en una cacerola el resto del ghee y agregarle todas las especias, mezclándolas bien; añadir el arroz, remover bien para que se impregne del ghee especiado y añadir dos veces y medio su volumen de agua hirviendo.
Desleír el azafrán en una cucharada de agua y agregarlo al arroz; llevar a ebullición, tapar la cacerola y cocer a fuego suave hasta que se consuma toda el agua.
Unos 3 minutos antes de finalizar la cocción, añadir todos los demás ingredientes con su propio jugo; remover.

Arroz al cava

Tiempo de preparación: 50 minutos Dificultad: Media Para 6 personas

INGREDIENTES:

- **4 tacitas de arroz**
- **aceite**
- **sal**
- **1 cebolla picada**
- **1/2 l de cava**
- **1/2 l de caldo de carne**
- **1 vaso de nata líquida**
- **100 g de queso rallado**

ELABORACIÓN:

Pelar la cebolla, picar y rehogar en una sartén con un chorrito de aceite. Ajar el arroz y sofreírlo Una vez sofrito, agrega el cava y deja hasta que reduzca por completo.
A continuación, añadir el caldo de carne caliente poco a poco y dejar que cueza durante 25 minutos aproximadamente.
Rectificar de sal y 2 minutos antes de terminar la cocción añadir el queso rallado y 1 vaso de nata líquida. Servir enseguida.

Arroz a la marinera

Tiempo de preparación: 45 minutos   Dificultad: Media   Para 6 personas

INGREDIENTES:

- **1 taza de arroz (tamaño café)**
- **1 hueso de rape**
- **1 sepia pequeña**
- **4 almejas**
- **1 tomate**
- **1 diente de ajo**
- **1 rama de perejil**
- **1 cucharada de aceite**
- **azafrán o colorante**

ELABORACIÓN:

Se hace un caldo con las almejas, el hueso de rape y medio litro de agua.

La sepia, después de limpia, se corta a trozos, se sofríe y después se echa en el recipiente donde se vaya a hacer el arroz.

En ese mismo aceite se echa el tomate picado con el ajo y el perejil, se añade el arroz; se le da una vuelta rápida, vertiendolo todo en el recipiente donde está la sepia, se le añaden tres tazas del caldo y se pone al fuego.

Se añaden las almejas, también las mollas que tenga el hueso de rape y el azafrán. Cuando hierva se sazona al gusto. Tarda unos 10 minutos y debe quedar un poco caldoso.

Arroz con miel

Tiempo de preparación: 40 minutos   Dificultad: Baja   Para 10 personas

INGREDIENTES:

- **1 kg de miel**
- **500 g de arroz**
- **1 limón**
- **canela**
- **azafrán**

ELABORACIÓN:

Calentar 1 l de agua hasta que hierva; añadir el arroz y cocerlo hasta que forme una pasta.

Hervir aparte la miel hasta que tome color oscuro.

Escurrir el arroz y añadirlo a la miel y cocer a fuego suave.

Rallar un poquito de corteza de limón; tostar 1 cucharadita de azafrán; añadir ambos al arroz y hervir 4 minutos.

Poner en una fuente, dejar enfriar y servir.

Arroz de la huerta murciana

Tiempo de preparación: 60 minutos
Dificultad: Media
Para 4 personas

INGREDIENTES:

- **500 g de arroz**
- **3 alcachofas, 2 tomates, 1 limón**
- **1 cebolla, 2 dientes de ajo**
- **1 pimiento rojo, 2 zanahorias**
- **100 g de judías verdes**
- **100 g de habas tiernas**
- **50 g de guisantes, 2 huevos**
- **2,5 dl de aceite de oliva, 10 almendras**
- **2 ramitas de perejil, azafrán, sal**

ELABORACIÓN:

Picar finamente la cebolla, el tomate, el pimiento y 1 ramita de perejil; cortar en rodajas la zanahoria; quitar las hojas duras de las alcachofas y cortarles las puntas.

Cocer en una olla con agua ligeramente salada las alcachofas y las judías verdes; retirar éstas a medio cocer; hacer al mismo tiempo los huevos duros.

Majar en un mortero el ajo, la otra ramita de perejil y las almendras; colar el caldo de las alcachofas y reservar.

Calentar en una cazuela el aceite y sofreír tomate, pimiento y cebolla hasta que ésta se dore.

Añadir el arroz, las judías verdes, las habas, los guisantes, la zanahoria y el majado de ajo y almendras.

Cubrir apenas con el caldo de alcachofas, poner unas hebras de azafrán y, casi al finalizar la cocción, las alcachofas troceadas; cocer durante unos 15 minutos a fuego moderado.

Cortar el limón y los huevos duros en rodajas.

Servir adornando la cazuela con las rodajas de limón y huevo duro y espolvorear con perejil picado.

Arroz caldoso con verduras y gambas

Tiempo de preparación: 60 minutos
Dificultad: Media
Para 4 personas

Ingredientes:

- **1 taza de cafe de arroz por persona**
- **1/2 kg de gambas**
- **1/2 cuchara de cafe de Azafrán**
- **1 cucharadita de pimentón rojo dulce**
- **perejil**

Elaboración:

Pelar las gambas y cocer las cáscaras durante 10 minutos.
Colar y reservar al caldo.
En una cazuela poner: el caldo de las gambas, los gambas, el azafrán, el pimentón. Cocer durante 10 minutos y salar. Añadir el arroz y cocer de la forma habitual durante 20 minutos, debe quedar caldoso, añadir agua si fuera necesario.
Las verduras deben quedar al dente.
Adornar con el perejil.

Arroz con lentejas y verduras

Tiempo de preparación: 90 minutos **Dificultad:** Media **Para** 4 personas

Ingredientes:

- **200 g de lentejas**
- **150 g de arroz**
- **1 cebolla**
- **1 col**
- **1 patata**
- **1 zanahoria**
- **1 pimiento verde**
- **1 berenjena**
- **100 g de guisantes**
- **1 diente de ajo**
- **60 g de mantequilla**
- **1 cm de raíz de jengibre**
- **2 cucharaditas de cilantro**
- **5 dl de caldo de ave**

Elaboración:

Poner las lentejas en remojo la noche anterior. Lavar el arroz y escurrirlo. Hervirlo en abundante agua durante 5 minutos; colar y reservar.

Hervir las lentejas en otra olla con agua durante 5 minutos; colar y reservar.

Picar la cebolla y freírla durante 5 minutos en una cacerola con 40 g de mantequilla.

Añadir el pimiento troceado, el jengibre y el ajo picado. Cocer durante 3 minutos.

Remover y añadir el cilantro con el resto de las verduras, cortadas en dados.

Salpimentar, tapar y cocer durante 15 minutos.

Sugerencia:

En una fuente untada con el resto de mantequilla, poner todos los ingredientes en capas sucesivas de lentejas, verduras y, finalmente, de arroz.
Regar con el caldo y meter en el horno caliente 50 minutos.

Arroz con lentejas

Tiempo de preparación: 90 minutos Dificultad: Media Para 4 personas

Ingredientes:

- **1/2 taza de lentejas rubias**
- **1 cebolla**
- **1 guindilla verde**
- **1 cucharadita de jengibre rallado**
- **1/2 cucharadita de ajo**
- **4 cucharadas de ghee**
- **2 clavos de olor**
- **1 hoja de laurel**
- **1 ramita de canela**
- **1/2 cucharadita de cúrcuma molida**
- **1 taza de arroz**
- **1 cucharadita de sal**
- **1/2 taza de lentejas rojas**
- **2 cebolletas picadas**

Elaboración:

Poner las lentejas en remojo durante 6 horas. Escurrirlas y hervirlas en agua durante 20 minutos, retirarlas del fuego y volverlas a escurrir.

Rehogar en una sartén el ajo, la cebolla picada, el jengibre y la guindilla picada sin semillas con el ghee hasta que esté todo ligeramente dorado.

Agregar los clavos, la canela, las hojas de laurel y la cúrcuma y cueza unos 2 minutos sin dejar de remover.

Agregue las lentejas y el arroz todo bien escurrido, remover bien y cubrir de agua unos 3 cm, llevándolo todo a ebullición, baje el fuego al mínimo y dejar cocer 20 minutos hasta que el líquido se evapore.

Sugerencia:

Agregar 2 cucharadas de cebolleta picada, remover y quitar la rama de canela antes de servir.

Arroz con pulpitos y alcachofas

Tiempo de preparación: 45 minutos
Dificultad: Media
Para 4 personas

Ingredientes:

- **400 g de arroz**
- **400 g de pulpitos**
- **150 g de chirlas**
- **4 alcachofas pequeñas**
- **1 cebolla**
- **2 tomates rojos**
- **2 dientes de ajo**
- **100 g de judías verdes**
- **1 pimiento verde italiano**
- **1 l de caldo de ave o de verduras**
- **aceite de oliva**
- **sal**

Elaboración:

Poner en agua y sal las chirlas. Limpiar los pulpitos y lavarlos bajo el agua. Reservar.

Pelar las alcachofas, cortarlas en cuartos y frotarlas con limón; reservarlas.

En una cazuela con un poco de aceite, sofreír la cebolla picada, añadir el pimiento verde picado, las alcachofas, las judías verdes sin hebras y cortadas en bastones e incorporar los pulpitos.

Dejar sofreír, añadir el ajo y los tomates pelados y picados, dejando cocinar a fuego lento hasta que esté frito. Poner a punto de sal.

Incorporar el arroz, freírlo durante unos min y mojar con el caldo. Añadir las chirlas y dejar cocer durante 15 min.

Rectificar de sal si fuera necesario y dejarlo reposar 5 min. Servir en platos, espolvoreando con perejil.

Arroz al Cabrales

Tiempo de preparación: 30 minutos   Dificultad: Media   Para 4 personas

INGREDIENTES:

- **50 g de queso de Cabrales**
- **200 g de arroz**
- **400 g de guisantes congelados**
- **50 g de mantequilla**
- **8 cucharadas de leche evaporada**
- **4 endivias**
- **aceite de oliva**
- **vinagre**
- **sal**
- **pimienta blanca**

ELABORACIÓN:

Hervir el arroz con abundante agua con sal.

Pasarlo por agua fría y escurrirlo.

Hervir los guisantes y mezclarlos con el arroz y las endibias, lavadas y cortadas en trozos.

Aliñar con la salsa de Cabrales.

Para hacer la salsa, batir el queso de Cabrales y la mantequilla con el tenedor o la batidora y mezclarlo con la leche evaporada. Añadir poco a poco 8 cucharadas de aceite, luego 3 de vinagre y finalmente sazonar con sal y pimienta.

Arroz con pimientos

Tiempo de preparación: 60 minutos | Dificultad: Baja | Para 4 personas

INGREDIENTES:

- **2 tazas de arroz**
- **3 pimientos verdes**
- **1 diente de ajo**
- **1 cebolla**
- **6 cucharadas de aceite de oliva**
- **1 cucharada de perejil picado**
- **1 taza de caldo**
- **cayena y sal**

ELABORACIÓN:

Asar los pimientos, pelarlos, quitarles las semillas, cortarlos en tiras y reservarlos.

En una sartén con aceite, rehogar la cebolla y el ajo, picados muy finos, y también el perejil y el arroz.

Cuando la mezcla empieza a dorarse, se le añaden los pimientos y se remueve con una cuchara de madera.

Sazonar con sal y cayena y mojar ligeramente con el caldo.

Cocer a fuego muy suave.

Arroz al pistacho

Tiempo de preparación: 35 minutos   Dificultad: Baja   Para 4 personas

INGREDIENTES:

- **400 g de arroz**
- **100 g de mantequilla**
- **50 g de pistachos pelados**
- **1 pimiento verde**
- **2 cucharadas de perejil picado**
- **sal**
- **pimienta**

ELABORACIÓN:

Poner, en una cacerola con agua salada hirviendo, 15 g de mantequilla y el arroz.

Cocer durante 15 minutos, colar y colocar en un bol.

Condimentar inmediatamente con la mantequilla que quede, los pistachos picados, y el pimiento, cortado en tiras muy finas.

Espolvorear con el perejil.

Arroz con pollo y almendras

Tiempo de preparación: 35 minutos   Dificultad: Baja   Para 4 personas

INGREDIENTES:

- **1 pollo deshuesado y cortado en trozos pequeños**
- **300 g de arroz de grano largo**
- **1 cebolla pequeña**
- **1 diente de ajo**
- **75 g de pasas de corinto**
- **75 g de almendras peladas**
- **aceite**
- **sal y pimienta**

ELABORACIÓN:

Ponemos agua a hervir con sal, incorporamos el arroz y lo cocemos 20 minutos.

Quitamos la piel del pollo y lo cortamos en trocitos pequeños.

Escurrimos el arroz y lo remojamos ligeramente.

En un poco de aceite, a fuego fuerte, rehogamos ajo y cebolla picados. Incorporamos el pollo, lo sazonamos y doramos.

Agregamos el arroz y salteamos.

Incorporamos las almendras troceadas.

Rectificamos de sal y servimos.

Arroz tapado

Tiempo de preparación: 60 minutos | Dificultad: Media | Para 6 personas

INGREDIENTES:

- **500 g de arroz**
- **1 kg de carne de ternera picada**
- **2 tomates**
- **1 cebolla**
- **3 dientes de ajo**
- **2 huevos**
- **50 g de pasas de uva sin semilla**
- **50 g de aceitunas**
- **1 ramita de perejil**
- **1 cucharada de salsa de tomate**
- **jugo de limón**
- **2 cucharadas de mantequilla**
- **5 cucharadas de aceite**
- **sal**

ELABORACIÓN:

Escaldar, pelar y despepitar los tomates; pelar y picar menuda la cebolla; picar finos el perejil y las aceitunas; majar los dientes de ajo.

Cocer los huevos; picarlos.

Calentar 2 cucharadas de aceite en una olla y freír los ajos; añadir unas gotas de jugo de limón, 4 tazas de agua, salar y hervir.

Agregar el arroz, tapar y cocer a fuego suave hasta que esté en su punto.

Calentar el resto del aceite y sofreír la cebolla; añadir la carne, el tomate, la salsa de tomate, el huevo, las aceitunas, las pasas y el perejil; salar y rehogar hasta que la carne esté en su punto.

Enmantecar una fuente honda; escurrir el arroz y poner una capa en la fuente; añadir el sofrito de carne y cubrir con otra capa de arroz.

Servir caliente.

Arroz con calabaza

Tiempo de preparación: 35 minutos | Dificultad: Media | Para 4 personas

INGREDIENTES:

- **400 g de arroz**
- **300 g de calabaza pelada y sin pipas**
- **1 pimiento**
- **aceite de oliva**
- **nuez moscada**
- **sal y pimienta**

ELABORACIÓN:

En una cazuela con aceite, se fríe la calabaza troceada, junto con el pimiento.

Seguidamente, se añade el arroz, se le da unas vueltas y se le añade agua caliente (doble volumen que de arroz).

Se sazona con sal, nuez moscada y pimienta y se deja cocer hasta que el arroz quede sin caldo.

Arroz con setas

Tiempo de preparación: 45 minutos | Dificultad: Alta | Para 6 personas

INGREDIENTES:

- **500 g de arroz**
- **65 g de mantequilla o margarina**
- **2 cebollas**
- **caldo de carne**
- **250 g de tomates**
- **250 g de setas**
- **40 g de queso parmesano rallado o emmental**
- **1 ramito de perejil**
- **sal**
- **pimienta blanca**

ELABORACIÓN:

Lavar, pelar y cortar las cebollas; ponerlas en una cazuela y dorarlas durante 5 minutos en 40 g de mantequilla.

Añadir el arroz y remover durante unos 3 minutos.

Calentar el caldo de carne y agregarlo; dejar que cueza durante unos 20 minutos a fuego suave.

Mientras, escaldar los tomates en agua hirviendo, pelarlos y cortarlos en cuatro trozos, quitándoles las semillas. Lavar las setas, reservar algunas para la guarnición y cortar las restantes en láminas delgadas. Fundir el resto de la mantequilla en una sartén y poner a dorar las setas y los tomates durante unos 5 minutos.

Salpimentar las setas y los tomates y añadirlos al arroz junto con el queso.

Remover con cuidado; quitar la cazuela del fuego y colocar el arroz en un molde redondeado, apretándolo un poco.

Invertirlo sobre una bandeja y servirlo caliente, decorado con las setas y el perejil.

Albóndigas de arroz

Tiempo de preparación: 30 minutos | Dificultad: Media | Para 6 personas

INGREDIENTES:

- **1 taza de arroz**
- **sal**
- **aceite**
- **queso rallado**
- **sobras de carne asada o de pollo**
- **huevo**
- **pan rallado**

ELABORACIÓN:

Se cuece bastante rato un poco de arroz, con sal, agua y un poco de aceite.

Se le añade queso rallado, se retira del fuego y se deja enfriar.

Se pican las sobras de carne asada o de pollo, se les agrega una yema de huevo y se forman unas albondiguillas.

Se envuelven en arroz y se pasan por clara de huevo, luego por pan rallado.

Se fríen hasta que se doren.

Arroz en nido de papaya

Tiempo de preparación: 30 minutos | Dificultad: Media | Para 6 personas

INGREDIENTES:

- **250 g de arroz**
- **200 g de pimientos verdes**
- **100 g de cebolla**
- **1 l de caldo de ave**
- **2 cucharadas de aceite de oliva**
- **sal**

ELABORACIÓN:

En una paellera o sartén freímos los pimientos y la cebolla cortados en tiras (juliana).

Una vez sofrito el pimiento y la cebolla, añadimos el arroz y losofreímos un poco el con los pimientos y su aceite.

Añadimos el caldo hirviendo, sazonamos y dejamos que siga cociendo.

Los primeros 5 minutos a fuego fuerte y después a fuego suave hasta completar una cocción de 18 minutos.

Sacamos del fuego y dejamos que repose la cazuela tapada con un trapo de cocina durante 5 minutos.

Después, rellenar la papaya con el arroz y poner a gratinar en el horno durante 5 minutos.

Arroz con pescado y cerveza

Tiempo de preparación: 60 minutos
Dificultad: Alta
Para 6 personas

INGREDIENTES:

- **500 g de pescado**
- **500 g de arroz**
- **1 cebolla pequeña**
- **1 hoja de laurel**
- **1 pimiento pequeño**
- **1 tomate**
- **3 cucharaditas de mantequilla**
- **2 cucharadas de ají molido**
- **1 cucharada de salsa de tomate**
- **3 cucharadas de vino blanco seco**
- **5 dl de cerveza rubia**
- **1 cucharada de vinagre**

ELABORACIÓN:

Lavar el pescado, vaciarlo, descamarlo y quitarle la cabeza y las espinas y reservar éstas; cortar la carne del pescado en trocitos y dejarla macerar en vinagre y sal.

Pelar la cebolla, picar finamente la mitad de la misma y cortar en trozos grandes la otra mitad; cortar también en trozos grandes el tomate y el pimiento.

Cocer en 3 tazas de agua ligeramente salada la cabeza y las espinas del pescado, la cebolla, y el pimiento troceados, hasta que el líquido se reduzca a unas 2 tazas.

Fundir en una sartén la mantequilla y sofreír la cebolla picada y el pescado macerado durante unos 10 minutos; añadir el ají molido y cocer unos 3 minutos más.

Añadir la salsa de tomate, el laurel y la cerveza; cocer a fuego medio hasta que inicie el hervor.

Agregar poco a poco el arroz, corregir la sazón de sal, tapar la olla y cocer unos 20 minutos; retirar del fuego, dejar reposar unos 8 minutos y servir.

Ensalada de arroz con aguacate

Tiempo de preparación: 60 minutos
Dificultad: Alta
Para 6 personas

INGREDIENTES:

- **2 aguacates**
- **1 tazón de arroz blanco**
- **2 pimientos**
- **1 taza de guisantes**
- **1 zanahoria**
- **1 pepino**
- **aceitunas negras**
- **aceite**
- **limón**
- **sal**
- **pimienta**

ELABORACIÓN:

Pelar los aguacates y cortarlos por la mitad. Sacar el hueso del interior con el cuchillo y extraer la carne con la cuchara. Corte el aguacate en rodajas finas y colocándolas en la fuente o ensaladera.

Añada el tazón de arroz y los guisantes

Corte la zanahoria en cubos pequeños y los pimientos en finas láminas.

Pele el pepino y déjelo reposar 10 minutos cubierto de sal gruesa para que elimine la acidez. Lávelo y añádalo a los demás ingredientes.

Prepare el aliño con la sal, pimienta, aceite y bastante zumo de limón. Echar esta salsa por encima de la ensalada y decorarla con algunas olivas negras. Sírvala fría.

Arroz con judías y anacardos

Tiempo de preparación: 40 minutos | Dificultad: Media | Para 4 personas

INGREDIENTES:

- **300 g de arroz**
- **250 g de judías verdes**
- **250 g de lomo adobado**
- **250 g de pechuga de pollo**
- **100 g de anacardos**
- **4 mini mazorquitas de maíz**
- **4 cebolletas pequeñas**
- **8 puntas de espárragos verdes**
- **aceite de oliva virgen extra**
- **sal**

ELABORACIÓN:

Preparar un caldo de verduras con el perejil, las zanahorias, las judías y las cebolletas. Sazonar y dejar cocer durante unos 10 minutos. Limpiar la verdura y cortar las judías verdes, las zanahorias y los ajos frescos en cuadraditos pequeños. Filetear el ajo en laminas.

Poner aceite a calentar en una cazuela baja y añadir los anacardos. Rehogar brevemente. Sazonar e incorporar el arroz. Mezclarlo bien y añadir el agua. Por cada parte de arroz añadir dos de agua y un poco más.

En 20 minutos estará listo.

Mientras tanto, montar las brochetas, colocarles en cada palito un trozo de lomo, una cebollita, un trozo de pollo y uno de pimiento. Freír en una sartén con aceite. Retíralas y freír los espárragos verdes.

SUGERENCIA:

Para servir colocar en una fuente el arroz y encima las brochetas y los espárragos.

Arroz con puerros

Tiempo de preparación: 35 minutos | Dificultad: Media | Para 4 personas

INGREDIENTES:

- **400 g de arroz**
- **4 puerros**
- **1 taza de guisantes cocidos**
- **1/2 taza de salsa de tomate**
- **5 almendras tostadas**
- **1 diente de ajo**
- **aceite de oliva**
- **sal**
- **perejil**

ELABORACIÓN:

En una cazuela con aceite se rehogan los puerros previamente pelados y cortados en rodajas.
A continuación, se añade la salsa de tomate y el arroz, se sofríen ligeramente y se incorpora el agua (doble cantidad que de arroz) y los guisantes. Se sazona con sal y pimienta y a mitad de la cocción se sirven las almendras y ajos majados en el mortero.
Finalmente, se espolvorea con perejil picado y se sirve.

Arroz con tropezones

Tiempo de preparación: 40 minutos | Dificultad: Media | Para 6 personas

INGREDIENTES:

- **600 g de arroz**
- **2 cabezas de ajo**
- **6 ñoras**
- **2 kg de morralla**
- **2 sobres de azafrán**
- **2 l de agua**
- **1/4 de gambas peladas**
- **1/2 kg de tomate rallado**
- **1/2 kg de emperador cortado en forma de dados**
- **aceite y sal**

ELABORACIÓN:

Del fondo (caldo):
Se pone aceite en una paella en la que se fríen las ñoras, 1 cabeza de ajo y la mitad del tomate. Se colocan en una olla la morralla, el agua y todo el frito anterior y se pone a hervir, echándole 1 sobre de azafrán y sal, durante 10 minutos.

Del arroz:
En la paella se pone el aceite, y se fríe el emperador y las gambas, el restante de ajo y el tomate.
Una vez realizado esto incorporar el arroz y el azafrán y a continuación el doble de caldo de arroz utilizado y dejar hervir durante 10 minutos a fuego vivo, probando el punto de sal. Luego bajar el fuego durante 10 minutos más y pasado este tiempo estará listo para comer.

Arroz con espárragos

Tiempo de preparación: 50 minutos | Dificultad: Media | Para 4 personas

Ingredientes:

- **500 g de espárragos trigueros**
- **60 g de mantequilla**
- **3 chalotes picados**
- **250 g de arroz**
- **15 cl de vino blanco seco**
- **75 cl de caldo de pescado**
- **1 cucharada líquida de nata**
- **60 g de queso parmesano rallado**
- **nuez moscada**
- **perejil**
- **sal**
- **pimienta blanca**

Elaboración:

Limpiar los espárragos raspando los tallos y eliminando la parte final para quitarles la tierra. Aclarar rápidamente y cortarlos en trocitos de unos 3 cm. Hervirlos durante 15 min.

Derretir la mantequilla en una cazuela grande, añadir los chalotes picados y sofrerir a fuego lento durante 3 min.

Agregar el arroz mezclando todo bien y tenerlo al fuego durante otros 3 min, de forma que se vaya dorando, hasta que se vuelva trasladar.

Rociar con el vino blanco y dejar que se absorba.

Verter en la cazuela 1-2 cazos de caldo hirviendo, dejando que el arroz lo vaya absorviendo moviéndolo a menudo. Añadir los espárragos en trocitos reservando algunas puntas que servirán para la decoración final del plato.

Agregar más caldo y dejar cocer el arroz, repitiendo a menudo esta operación (unos 15-20 min. en total) Salpimentar.

Echar al arroz la nata liquida, el parmesano rallado y un pellizco de nuez moscada.

Mezclar todo bien para que los sabores se unan, tapar la cazuela, y dejar reposar durante 5 min.

Sugerencia:

Volver el arroz en una bandeja previamente calentada, decorarlo con las puntas de los espárragos y con algunas hojas de perejil y perifollo. Servir enseguida.

Arroz con pollo en salsa de soja

Tiempo de preparación: 15 minutos
Dificultad: Baja
Para 4 personas

INGREDIENTES:

- **350 g de arroz**
- **100 g de pollo**
- **1 cebolla mediana**
- **2 cucharadas de aceite de girasol**
- **4 huevos**
- **3 cucharadas de salsa de soja**
- **sal**
- **pimienta negra molida**
- **1 rodaja de piña**

ELABORACIÓN:

Cocer el arroz en un poco de agua ligeramente salada durante 4 minutos.

Luego, cocer también el pollo en un poco de agua ligeramente salada durante 2 minutos.

Pelar y picar fina la cebolla; ponerla con el aceite en una cazuela de vidrio y rehogarla durante 5 minutos.

Añadir el arroz, el pollo y la piña troceada, salpimentar y mezclar bien.

Batir los huevos con la salsa de soja y añadirlos al arroz; cocer durante 2 minutos si el arroz está caliente y 4 minutos si no, removiendo dos veces durante la cocción.

Arroz con pisto

Tiempo de preparación: 35 minutos
Dificultad: Media
Para 4 personas

INGREDIENTES:

- **300 g de arroz**
- **1/2 kg de tomate**
- **2 calabacines**
- **1 cebolla**
- **1 pimiento**
- **aceite de oliva**
- **sal**
- **albahaca**

ELABORACIÓN:

Se hierve el arroz en agua con sal y cuando esté tierno se escurre y se reserva.

Mientras tanto, en una cazuela con aceite se hace el pisto friendo la cebolla picada, el calabacín troceado, el pimiento cortado en tiras y los tomates pelados y troceados.

Se moldea el arroz con una flanera previamente engrasada y se vuelca sobre una fuente.

SUGERENCIA:

Al momento de servir, se vierte el pisto sobre el arroz y se espolvorea con una cucharadita de albahaca fresca muy picada.

Paella con magro

Tiempo de preparación: 50 minutos | Dificultad: Media | Para 5 personas

INGREDIENTES:

- **500 g de arroz**
- **250 g de magro**
- **1 morcilla**
- **1 chorizo**
- **1 latita de guisantes**
- **1 latita de pimientos morrones**
- **8 cucharadas de aceite**
- **1 cebolla pequeña**
- **1 tomate**
- **1 ramita de perejil**
- **azafrán**

ELABORACIÓN:

Poner 4 cucharadas de aceite en una sartén y freír muy despacio la cebolla picada y cuando tome color añadir el tomate picado sin piel ni semillas, sazonar, rehogar despacio durante unos minutos.

Calentar el resto del aceite en la paellera, rehogar el magro cortado en trozos, los embutidos cortados en ruedas; añadir la preparación de cebolla y tomate pasada por el pasapuré, remover para que se mezcle bien y añadir el arroz y 1 litro de agua o caldo. Contar 20 minutos en cuanto empiece a hervir.

Machacar en el mortero el ajo, perejil, una pizca de sal y el azafrán; desleer con un poco de agua templada, verter y mezclar rápido con el arroz.

Pasados 10 minutos añadir los guisantes y los pimientos cortados en tiras.

Arroz con judías blancas

Tiempo de preparación: 45 minutos | Dificultad: Media | Para 4 personas

INGREDIENTES:

- **200 g de arroz**
- **200 g de judías blancas**
- **300 g de acelgas**
- **2 dientes de ajo**
- **1/2 kg de patatas**
- **2 huesos de jamón**
- **aceite de oliva**
- **sal**
- **pimentón**
- **azafrán**

ELABORACIÓN:

Se cuecen las judías blancas (en remojo desde la víspera) en una olla con agua y sal, hasta que estén tiernas, aproximadamente media hora.

Entretanto, se lavan y trocean las acelgas, y se sofríen junto con los dientes de ajo picados y media cucharadita de pimentón.

Se sirve este sofrito en el caldo, se añaden los huesos de jamón y las patatas peladas y troceadas, y se continúa la cocción.

Unos veinte minutos antes de finalizar ésta se agrega el arroz y el azafrán y se retira el recipiente del fuego.

El arroz debe quedar caldoso.

Paella de coliflor y bacalao

Tiempo de preparación: 30 minutos | Dificultad: Media | Para 4 personas

INGREDIENTES:

- 1 coliflor
- 1 cebolla grande
- 250 g de caldo de bacalao
- ajo
- perejil
- 1 dl de aceite de oliva
- 400 g de arroz
- pimentón

ELABORACIÓN:

Cortar la coliflor y la cebolla y hacer una picada con los ajos y perejil. Cortar la parte dura del bacalao (agallas) a trocitos y unas migas de la parte central de éste, que previamente se habrán tenido en remojo durante unas horas.

En la paellera se sofríe el bacalao y se retira. Seguidamente haremos lo mismo con la coliflor y la cebolla. Cuando empiece a estar dorada añadir la picada y el arroz, un poco de pimentón colorante y el caldo.

Dejar cocer (añadiendo el bacalao) unos 20 minutos, estando así a punto para servir.

Arroz a la florentina

Tiempo de preparación: 25 minutos | Dificultad: Baja | Para 4 personas

INGREDIENTES:

- 300 g de arroz
- 1/2 kg de espinacas
- 1/2 vaso de vino blanco
- pan rallado
- 100 g de mantequilla
- salsa bechamel
- sal
- perejil

ELABORACIÓN:

Secuece el arroz en abundante agua con sal, se escurre y se enfría. Una vez limpias las espinacas se trocean y cuecen durante unos minutos.

Se escurren muy bien y se saltean con mantequilla, el vino blanco y un poco de perejil picado.

Se espolvorea con pan rallado un molde engrasado y se coloca en el fondo una capa de arroz. Se cubre éste con una capa de espinacas y se repite esta operación hasta que el molde quede lleno.

Se introduce unos minutos en el horno, se desmolda y se cubre con una salsa bechamel.

Arroz con cerdo agridulce

Tiempo de preparación: 90 minutos · Dificultad: Media · Para 4 personas

INGREDIENTES:

- **1 kg de magro de cerdo**
- **4 cucharadas de harina**
- **5 cucharadas de aceite**
- **2 cebollas medianas**
- **4 ramas de apio**
- **1 diente de ajo**
- **3 dl de caldo de pollo**
- **1/4 kg albaricoques secos**
- **3 dl de zumo de naranja**
- **1/4 kg de arroz**
- **1/2 kg de guisantes**
- **2 cucharadas de perejil**
- **1 cucharada de tomillo**
- **sal y pimienta**

ELABORACIÓN:

Los albaricoques secos deben estar en adobo con la naranja un mínimo de 12 horas.

En un plato mezclar la harina, con la sal, la pimienta y el tomillo.

Preparar el cerdo, limpiándolo y cortando en dados. Pasarlo por la harina y por un colador para eliminar su exceso. Calentar tres cucharadas de aceite en una sartén y dorar los dados de cerdo por todas partes. Retirarlo y escurrirlo sobre papel absorbente.

Pelar y cortar la cebolla en aros, machacar el diente de ajo y limpiar las ramas de apio.

Calentar en una sartén el resto del aceite. Incorporar las verduras preparadas. Salpimentar y reogarlas a fuego vivo unos cuatro minutos aproximadamente, dándoles la vuelta para que no se peguen. Retirarlas y escurrirlas en un colador.

En un cazo poner el caldo de pollo y los albaricoques, que habrán estado en el zumo de naranja durante 12 horas. Llevarlo a ebullición.

En una fuente de horno, colocar la carne, las verduras, los albaricoques y sus caldos. Salpimentar.

Meter la fuente a horno precalentado a 180 °C, durante 45 minutos aproximadamente.

Cocer el arroz y los guisantes en abundante agua salada, escurrirlo y reservarlo al calor.

Retirar el cerdo del horno.

SUGERENCIA:

Servirlo en una fuente caliente, acompañado por el arroz y espolvoreado por el perejil picado.

Paella valenciana

Tiempo de preparación: 60 minutos
Dificultad: Alta
Para 6 personas

Ingredientes:

- **600 g de arroz**
- **500 g de conejo**
- **1 pollo**
- **200 g de habas**
- **200 g de judías verdes**
- **150 g de alubias blancas**
- **1 pimiento verde**
- **3 tomates maduros**
- **3 dientes de ajo**
- **pimentón**
- **azafrán**
- **perejil**
- **2 dl de aceite de oliva**
- **sal**

Elaboración:

Trocear el pollo y el conejo; cortar el pimiento; picar finos el ajo y el perejil; pelar y rallar el tomate.

Calentar en una paella el aceite hasta que empiece a humear; añadir los trozos de conejo y pollo y dorarlos.

Agregar el pimiento, las habas, las judías y las alubias y rehogarlas; añadir el ajo, el tomate y el perejil, sazonar con sal y pimentón y remover.

Agregar poco más de 1 l de agua y dejar hervir a fuego suave unos 15 minutos.

Añadir el arroz y unas hebras de azafrán; dar un hervor a fuego vivo durante unos 3 minutos y reducir el fuego a moderado; corregir la sazón de sal y cocer durante unos 15 minutos.

Retirar del fuego, dejar reposar unos 8 minutos y servir en la misma paellera.

Paella de verduras

Tiempo de preparación: 60 minutos
Dificultad: Media
Para 4 personas

Ingredientes:

- **250 g de aceite de oliva**
- **2 tomates maduros rallados**
- **400 g de arroz**
- **300 g de coliflor**
- **200 g de judias verdes**
- **1 berenjena**
- **1 calabacín**
- **1 manojo de ajos tiernos**
- **1 cebolla mediana**
- **2 alcachofas**
- **100 g de habas tiernas peladas**
- **1 diente de ajo picado muy fino**
- **1 cucharada de pimentón dulce**
- **sal**
- **caldo de verdura o agua**
- **colorante alimentario o azafrán de hebra**

Elaboración:

Trocear todas las verduras en trozos de unos 4 cm.

Calentar el aceite en la paella hasta que comience a humear y añadir la cebolla picada muy fina.

Cuando empiece a ablandarse, incorporar el resto de las verduras y a fuego muy suave rehogarlas durante 15 minutos, removiendolas con frecuencia.

Seguidamente, añadir el tomate rallado y sofreírlo otros 5 minutos más.

Una vez hecho esto, incorporar el pimentón; un minuto despues, el arroz y el colorante.

Rehogar el conjunto durante 1 minuto más y añadir el caldo de verdura o el agua, aproximadamente el doble que de arroz y el ajo picado

Dejar cocer a fuego vivo durante 15 o 20 minutos.

Arroz con gambas y calabacín

Tiempo de preparación: 40 minutos Dificultad: Baja Para 4 personas

INGREDIENTES:

- **225 g de arroz**
- **600 ml de caldo de pescado**
- **100 ml de vino blanco**
- **1 limón**
- **350 g de gambas peladas**
- **2 huevos**
- **perejil**
- **aceite**
- **sal**
- **pimienta**

ELABORACIÓN:

Primero, debe cocerse en un puchero el caldo junto con el vino y el zumo de limón.

Dejar reducir y retirarlo.

Cocer los huevos, y aparte, dorar la cebolla muy picadita en una cazuela con aceite, y cuando tome color, añadir el arroz.

Rehogarlo y agregar poco a poco el caldo.

Dejar cocer el arroz durante 15 minutos.

Mientras, saltear las gambas en una sartén junto con el calabacín cortado en rodajas.

Añadir el perejil, los huevos pelados y troceados y un chorrito de zumo de limón.

Repartir esta mezcla sobre el arroz, antes de que éste termine su cocción. Retirar del fuego y dejar reposar antes de servir.

Corona de arroz genovesa

Tiempo de preparación: 40 minutos Dificultad: Baja Para 4 personas

INGREDIENTES:

- **300 g de arroz**
- **2 pechugas de pollo cortadas en daditos**
- **1 cebolla**
- **20 g de parmesano**
- **6 tostadas de pan de molde**
- **100 g de espinacas cocidas y picadas**

ELABORACIÓN:

Dorar en una cazuela o en una olla con aceite la cebolla picadita y añadir el pollo en dados y las espinacas y, al final, agregar el arroz.

Remover todo el preparado y agregar finalmente el agua para la cocción. Tapa y deja cocer.

Una vez que esté hecho, escurrir el arroz y colocarlo en un molde de corona, apelmazando la superficie con ayuda de una cuchara.

Volcarlo sobre una fuente. En el centro de la corona, disponer el pan tostado cortado en tacos y espolvorear el parmesano por encima.

Arroz con puerros y bechamel

Tiempo de preparación: 120 minutos

Dificultad: Baja

Para 4 personas

INGREDIENTES:

- **2 tazas de arroz integral**
- **500 g de puerros**
- **2 tazas de salsa bechamel**
- **sal**

ELABORACIÓN:

Lavar, escurrir y cocer el arroz en agua salada y a fuego suave durante 1 hora y 30 minutos.

Lavar los puerros y hervirlos en agua hasta que se ablanden.

Preparar la salsa bechamel.

Escurrir el arroz, ponerlo en una fuente refractaria; colocar sobre el arroz los puerros y cubrirlo todo con la bechamel.

Gratinar en el horno durante unos 20 minutos; servir caliente.

Arroz cremoso con cangrejos de río

Tiempo de preparación: 45 minutos Dificultad: Media Para 4 personas

Ingredientes:

- **12 cangrejos de río**
- **800 g de arroz de grano redondo**
- **2 cucharadas de aceite de oliva**
- **1 cucharada de ajo picado**
- **2 cebolletas frescas picadas**
- **2 l de fumet o caldo de pescado**
- **perejil**
- **sal**

Elaboración:

Debemos tener cangrejos de río vivos y listos para cocinar.

Salteamos los cangrejos en cazuela de barro con el aceite; una vez hayan tomado color, los retiramos. En ese jugo, salteamos el ajo y la cebolleta picados.

Añadimos el arroz y lo dejamos rehogar 2 minutos.

Agregamos el caldo de pescado y dejamos hervir 12-14 minutos.

Pasados los 12 minutos, agregamos los cangrejos, para que se cocinen durante otro par de minutos. Añadimos el perejil, dejamos reposar unos minutos y servimos.

Arroz con conejo a la cacereña

Tiempo de preparación: 70 minutos
Dificultad: Media
Para 6 personas

INGREDIENTES:

- **4 tazas de arroz**
- **1/2 conejo**
- **100 g de tocino salado**
- **2 huevos**
- **50 g de queso manchego**
- **1 diente de ajo**
- **2 alcachofas**
- **100 g de brócoli**
- **azafrán**
- **canela**
- **orégano**
- **aceite**
- **sal**

ELABORACIÓN:

Trocear el conejo y el tocino. Pelar las alcachofas y cocerlas en 4 trozos. Partir el queso en cuadrados y batir los huevos. Cocer el conejo y el tocino en un puchero con un poco de agua, canela, azafrán orégano y sal.

Cuando el conejo esté en su punto, añadir 10 tacitas de agua hirviendo y dejar 10 minutos a fuego lento.

Rehogar las alcachofas y el brócoli en una cazuela de barro con aceite y añadirle el diente de ajo pelado y triturado y el arroz y mezclar bien.

Agregar enseguida el guiso de conejo con su caldo y rectificar de sal. Cocer durante 15 minutos sin remover.

Retirar la cazuela del fuego y cubrir el arroz con el huevo batido y los trozos de queso. Introducir en el horno, durante 15 minutos, hasta que quede una costra dorada en la superficie.

Retirar del horno y deja reposar 5 minutos.

Arroz apastelado

Tiempo de preparación: 60 minutos

Dificultad: Media

Para 4 personas

Ingredientes:

- **500 g de arroz**
- **500 g de gandules verdes (lentejas)**
- **250 g de carne de cerdo picada**
- **150 g de jamón**
- **2 guineos verdes**
- **4 dientes de ajo**
- **orégano**
- **tomillo**
- **aceite**
- **1 hoja de plátano**
- **sal**
- **pimienta**

Para la salsa:

- **150 g de tocino**
- **1 cebolla mediana**
- **2 tomates rojos**
- **1 pimiento verde**
- **2 ajíes dulces**
- **4 dientes de ajo**
- **1 ramita de apio**
- **orégano**

Elaboración:

Poner las lentejas en remojo durante 2 horas en 5 tazas de agua.

Rallar los guineos; cortar en cubitos el jamón y el tocino; picar finos 4 dientes de ajo; trocear menudos los tomates pelados, la cebolla, el pimiento, los ajíes y la ramita de apio.

Pelar y poner los dientes de ajo enteros en un mortero, añadirles sal y majarlos hasta lograr una pasta homogénea; agregar la cebolla, el pimiento, los ajíes, el apio y, por último, los tomates y el orégano.

Calentar en una cazuela 1/2 taza de aceite y sofreír el tocino; añadir la mezcla anterior y rehogar durante 10 minutos; reservar. Escurrir los gandules y reservar; cocer la hoja de plátano. Añadir al agua de los gandules 3 tazas más de agua, poner en ella los guineos rallados y cocer a fuego moderado, removiendo continuamente, durante 15 minutos; reservar.

Calentar en una cazuela 2 dl de aceite y sofreír la carne, el jamón y el ajo picado, sazonando con orégano, tomillo, pimienta y sal hasta que esté todo bien dorado; añadir la salsa y las lentejas y cocer hasta que rompa el hervor.

Añadir el agua con los guineos, corregir la sazón de sal y cocer hasta que suelte el hervor; añadir el arroz, cocer hasta que hierva, reducir el fuego, tapar con la hoja de plátano y cocer hasta que el arroz esté en su punto. Servir caliente.

Arroz con entrecot

Tiempo de preparación: 30 minutos | Dificultad: Alta | Para 4 personas

INGREDIENTES:

- **500 g de entrecot**
- **1 cucharada de manteca**
- **3 dientes de ajo**
- **1/2 vaso de vino blanco**
- **2 tazas de arroz**
- **1 hoja de laurel**
- **sal**
- **pimienta**

ELABORACIÓN:

Se saltea en la manteca el entrecot partido en taquitos, junto con los dientes de ajo y la hoja de laurel.

Después se añade el vino y se deja pochar. A continuación se echan cuatro tazas de agua, se pone a punto de sal y pimienta y, cuando hierva, se echa el arroz. Hierve más o menos 9 minutos.

Arroz con cordero a la navarra

Tiempo de preparación: 35 minutos   Dificultad: Media   Para 6 personas

INGREDIENTES:

- **4 tazas de arroz**
- **1 espalda de cordero**
- **pimienta molida**
- **salsa de tomate**
- **harina**
- **manteca de cerdo**
- **sal**
- **un manojo de cebolletas**

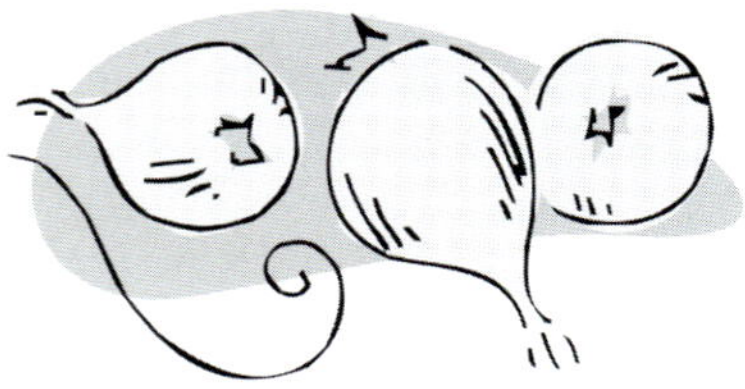

ELABORACIÓN:

Retirar la grasa sobrante del cordero y trocear.

Cocer el arroz durante 20 minutos en una olla con agua hirviendo y sal.

Calentar manteca en una cazuela, y saltear en ella la carne, salpimentada y rebozada en harina.

Cuando el arroz esté su punto, escurrir y añadirlo a la carne, ya ligeramente dorada.

Verter también la salsa de tomate. Mezclar todo y deja reposar durante 15 minutos. Adornar con la cebolleta.

Arroz chino

Tiempo de preparación: 30 minutos   Dificultad: Baja   Para 4 personas

INGREDIENTES:

- **1 vaso de arroz**
- **1 pimiento verde**
- **1 cebolla pequeña**
- **4 dientes de ajo**
- **2 cucharadas de aceite**
- **2 cucharadas de zumo de limón**
- **un poco de laurel**
- **colorante y perejil**

ELABORACIÓN:

Picar la cebolla y el pimiento. Poner el aceite en una cazuela y saltear los ajos, la cebolla y el pimiento.

Cuando la cebolla y el pimiento estén blandos añadir el arroz, rehogar unos minutos y agregar 2,5 vasos de agua.

Cuando comience a hervir, poner el colorante, un par de hojas de laurel y sal al gusto.

Tapar la cazuela y cocer a fuego lento unos 20 minutos (probar que el arroz esté en su punto).

Dejar reposar 15 minutos, añadir el zumo de limón y servir en cuencos individuales, decorando con el perejil picado por encima.

Arroz con habas

Tiempo de preparación: 40 minutos Dificultad: Media Para 4 personas

INGREDIENTES:

- **150 g de arroz**
- **400 g de habas**
- **200 g de jamón serrano**
- **2 tiras de bacon**
- **1 dl de aceite de oliva**
- **sal**

ELABORACIÓN:

Freír en una olla las habas, el jamón cortado en taquitos y el bacon.

A continuación, añadir agua y sal.

Tapar la olla y dejar cocer durante 10 minutos.

Añadir el arroz (puesto a remojo la noche anterior) y dejar cocer hasta que esté en su punto.

Retirar del fuego, dejar reposar y servirlo.

El arroz debe quedar seco y suelto, no pegado.

Arroz con salchichas

Tiempo de preparación: 40 minutos Dificultad: Media Para 4 personas

INGREDIENTES:

- **300 g de arroz**
- **8 salchichas blancas pequeñas**
- **1 calabacín mediano**
- **2 pimientos verdes**
- **1 pimiento morrón**
- **1 cebolla grande**
- **aceite de oliva**
- **cilantro en grano**
- **sal**
- **pimienta**

ELABORACIÓN:

Saltear el arroz en un poco de aceite, añadir el doble de agua de su volumen y ponerlo a hervir.

Mientras, lavar y cortar las verduras en tiras.

En sartén aparte, sofreír las cebollas y cuando empiecen a dorarse añadir las tiras de pimientos y los calabacines.

Finalmente agregar a las verduras el arroz hervido, salpimentar y espolvorear las semillas de cilantro.

En una sartén distinta freír las salchichas y añádirlas al arroz.

Arroz con pollo

Tiempo de preparación: 40 minutos
Dificultad: Media
Para 4 personas

INGREDIENTES:

- **1/2 pollo**
- **1 tomate**
- **pimentón**
- **alcachofas**
- **guisantes**
- **300 g de arroz**

ELABORACIÓN:

Se fríe el pollo troceado en una cacerola, cuando esté casi hecho se añade el tomate rallado hasta que se fría.

A continuación se le añade una cucharadita de pimentón y el agua (alrededor de un litro y cuarto).

Se deja cocer 20 minutos (10 si es en olla exprés).

Se añade el arroz, las alcachofas cortadas en cuatro trozos y los guisantes.

Se deja cocer 20 minutos (10 si es olla exprés).

Este arroz se sirve caldoso.

Arroz con pollo al limón

Tiempo de preparación: 40 minutos
Dificultad: Media
Para 4 personas

INGREDIENTES:

- **4 tazas arroz**
- **1 pollo troceado**
- **1 cebolla picada**
- **1 pimiento verde picado**
- **2 dientes de ajo**
- **1 chorro vino blanco**
- **1 taza caldo de pollo o de carne**
- **colorante alimentario**
- **sal**
- **agua**
- **limón**

ELABORACIÓN:

Se sofríe (con un chorrito de aceite) en un caldero grande los ajos, la cebolla, el pimiento y el pollo.

Cuando esté todo dorado y la carne del pollo se desprenda del hueso, se echa el chorro de vino blanco y el colorante.

Se añade las 4 tazas de arroz y el caldo o el agua correspondiente (2 tazas de agua por una de arroz).

Se deja que hierva y, cuando lo haga, se deja a fuego lento unos 20-25 minutos.

Es preferible que se quede caldoso.

Servir con limones recién cortados.

Arroz mozzarella

Tiempo de preparación: 30 minutos

Dificultad: Media

Para 4 personas

INGREDIENTES:

- **7 tomates**
- **250 g de arroz cocido**
- **100 g de queso de Parma**
- **300 g de queso Mozzarella**
- **1 diente ajo**
- **1 cebolla**
- **tomillo**
- **8 hojas albahaca**
- **orégano**
- **aceite**
- **sal**
- **pimienta**

ELABORACIÓN:

Pelar 3 tomates, despepitarlos y trincharlos.

Calentar el horno a 210 °C.

Trinchar ajo y cebolla y sofreírlos, añadir los tomates trinchados, cocer 5 minutos y echar después el arroz cocido, sazonar, espolvorear de tomillo y parmesano y cocer 5 minutos.

Lavar y secar los tomates restantes y cortarlos a rodajas, así como la mozzarella.

Engrasar moldes de galleta, echar el arroz y cubrirlo con las rodajas de tomates alternadas con las de mozzarella.

Espolvorear con el orégano y hornear 15 minutos.

Arroz con habichuelas jíbaro

Tiempo de preparación: 80 minutos

Dificultad: Alta

Para 4 personas

INGREDIENTES:

- **500 g de arroz**
- **400 g de habichuelas**
- **1 cebolla**
- **1 tomate**
- **1 pimiento**
- **2 ajíes dulces**
- **5 dientes de ajo**
- **1 ramita de apio**
- **150 g de jamón**
- **4 cucharadas de aceite**
- **sal**

ELABORACIÓN:

Lavar y cocer las habichuelas hasta que estén tiernas.

Pelar y trocear menudos el tomate y la cebolla; picar menudos el pimiento, el ají y el apio.

Pasar por el mortero los ajos con la sal.

Calentar el aceite en una cazuela; añadir la pasta de ajo, la cebolla, el pimiento, los ajíes, el apio, el tomate y el jamón; sazonar con sal y sofreír durante 15 minutos a fuego medio.

Quitar el jamón, colar el sofrito y volverlo a la cazuela; añadir las habichuelas con 4 tazas de su caldo y el jamón y cocer hasta que se inicie el hervor.

Agregar el arroz y cocer a fuego mediano durante 10 minutos; reducir el fuego hasta que el arroz esté en su punto.

Arroz a la mexicana

Tiempo de preparación: 70 minutos — Dificultad: Alta — Para 4 personas

INGREDIENTES:

- **250 g de arroz**
- **100 g de chícharos (guisantes)**
- **2 aguacates**
- **1 cebolla pequeña**
- **2 chorizos**
- **2 huevos**
- **100 g de mantequilla**
- **6 cucharadas de jitomate tamizado**
- **2 tazas de caldo**
- **perejil**
- **sal**

ELABORACIÓN:

Poner el arroz a remojo en agua caliente durante 15 minutos.

Cocer los huevos duros y los chícharos; picar el perejil muy fino; pelar y triturar la cebolla, tamizarla y reservar su jugo. Lavar el arroz en agua fría y escurrirlo.

Calentar la mantequilla en una cazuela y freír los chorizos; retirarlos y dorar el arroz en la misma mantequilla.

Escurrir la mantequilla del arroz y añadir el jitomate tamizado y un poquito de jugo de cebolla; cocer durante unos minutos. Agregar 1 taza de agua y los chícharos hervidos; salar y dejar hervir hasta que se consuma el líquido.

Calentar el caldo y añadirlo al arroz; tapar la cacerola y dejar cocer a fuego suave hasta que se consuma el líquido.

Cortar finos los chorizos; cortar en tiritas el aguacate y en rodajas finas los huevos duros.

SUGERENCIA:

Servir en platos hondos y poner sobre el arroz los trocitos de chorizo, las tiritas de aguacate y las rodajas de huevo.

Bolsitas crujientes de arroz con marisco

Tiempo de preparación: 45 minutos | Dificultad: Media | Para 4 personas

Ingredientes:

- **400 g de arroz glutinoso**
- **2 carabineros**
- **2 cigalas**
- **2 langostinos**
- **50 g de hojas de espinaca**
- **4 hojas de pasta brick**
- **50 ml de vinagre de arroz**
- **150 ml de aceite de oliva virgen**
- **sal**
- **Fumet o caldo de pescado**
- **1 copita de Armagnac**

Elaboración:

Cocemos el arroz, lo escurrimos y lo reservamos. Mientras, pelamos el marisco y salteamos las pieles en una sartén a fuego fuerte con un poco de aceite.

Cuando haya tomado color, agregamos el Armagnac, dejamos reducir e incorporamos el fumet hasta cubrir. Dejamos reducir al fuego y colamos; volvemos a reducir el líquido resultante hasta que el sabor esté muy concentrado.

Por otro lado, salteamos los cuerpos del marisco en trozos pequeños; le agregamos la espinaca en tiras y el arroz. Lo salteamos y le añadimos un poco del concentrado anterior. Retiramos.

Vamos rellenando las hojas de pasta brick con el arroz y el marisco, cerrándolas con una ramita de cebollino.

Sugerencia:

Metemos las bolsitas rellenas al horno precalentado a 140 °C durante 15 minutos. Mientras, hacemos una vinagreta con el vinagre de arroz, el aceite y el concentrado de marisco. Las servimos en un plato, añadiendo un hilo de vinagreta.

Arroz de carretero

Tiempo de preparación: 30 minutos | Dificultad: Media | Para 4 personas

INGREDIENTES:

- **200 g de charqui**
- **4 cucharadas soperas de aceite**
- **5 dientes de ajo picados**
- **1 cebolla grande picada**
- **4 tomates picados**
- **3 pimientos picados**
- **350 g de arroz**
- **sal al gusto**

ELABORACIÓN:

Ponga en el fuego una cazuela con agua hasta que hierva.

Añada la carne y déjela media hora. Remírela del fuego, escurra el agua y corte la carne en pedazos pequeños. En una sartén, caliente el aceite, añada el ajo, la cebolla, el tomate y los pimientos.

Deje que cueza aproximadamente durante 8 minutos removiendo de vez en cuando.

A continuación, eche el arroz, un poco de agua hirviendo y deje que se cueza durante 15 ó 20 minutos. Añádale sal si fuese necesario.

NOTA:

El Charqui es una carne salada y curada a la sombra (de América).

Arroz con coliflor

Tiempo de preparación: 30 minutos | Dificultad: Media | Para 4 personas

INGREDIENTES:

- **200 g de arroz**
- **1 coliflor**
- **150 g de panceta**
- **1 copa de vino blanco**
- **2 dientes de ajo**
- **aceite de oliva**
- **sal**
- **pimienta**

ELABORACIÓN:

En una cazuela con aceite se fríen los ajos picados, junto con la panceta cortada a dados.

A continuación se añade la coliflor troceada y ligeramente hervida, el arroz y la copa de vino.

Se rehoga el conjunto, se rehoga con el agua necesaria (doble volumen que de arroz) se sazona con sal y pimienta y se deja cocer a fuego moderado, aproximadamente durante veinte minutos.

Arroz a la gallega

Tiempo de preparación: 60 minutos

Dificultad: Media

Para 4 personas

INGREDIENTES:

- **400 g de arroz**
- **250 g de bacalao desalado**
- **2 huevos duros**
- **2 dientes de ajo**
- **aceite de oliva**
- **sal**
- **pimentón**

ELABORACIÓN:

En una cazuela con aceite se sofríen los ajos picados, añadiendo seguidamente el arroz y el bacalao troceado menudamente.

Se saltea el conjunto durante unos minutos, se añade una cucharadita de pimentón y el agua necesaria (doble volumen que el de arroz).

Se rectifica de sal y media cocción se cortan los huevos en rodajas y se disponen encima del arroz, terminándolo de cocer en el horno.

Arroz pintado (Alentejo)

Tiempo de preparación: 45 minutos

Dificultad: Baja

Para 3 personas

INGREDIENTES:

- **3 tazas de arroz**
- **1 gallina**
- **1 chorizo**
- **1 tajada de tocino**
- **2 yemas de huevo**
- **sal**
- **pimienta**
- **agua**

ELABORACIÓN:

Se cuece la gallina con el chorizo y el tocino. Se cuela el caldo y se ponen en la cazuela 6 tazas de este caldo. Cuando hierva se pone a punto de sal y pimienta.

Se añade el arroz ya lavado, la gallina deshuesada y las carnes cortadas en taquitos.

En un asador de barro se echa la mitad del arroz, después las carnes y por fin la otra parte del arroz. Se pincela con las yemas y se lleva a un horno bien caliente para que se dore.

Arroz cremoso de setas y foie

Tiempo de preparación: 50 minutos   Dificultad: Media   Para 4 personas

Ingredientes:

- **400 g de arroz**
- **300 g de cebolletas**
- **300 g de rebozuelos (cantharellus si no se encuentran otra seta de temporada)**
- **1 l de caldo de ave**
- **100 ml de vino blanco**
- **25 g de mantequilla**
- **50 g de queso parmesano**
- **100 ml de aceite de oliva**
- **2 dientes de ajo**
- **perejil**
- **sal**

Elaboración:

Limpiar las setas y lavarlas. Picar la cebolleta y sofreírla; añadir las setas y los ajos picados. Dejar que se hagan y añadir el vino blanco, dejándolo cocinar hasta que se evapore. Verter el arroz y sofreír todo junto. Mojar con el caldo de ave, de poco a poco y sin dejar de moverlo, dejándolo secar cada vez, así durante 15-18 minutos, dependiendo de cómo se desee el punto del arroz, aunque no debe pasarse.

Sugerencia:

Apartar del fuego y añadir la mantequilla, el parmesano y el aceite, moviéndolo con una espátula de madera hasta que ligue bien. Poner a punto de sal. Aparte, en una sartén con una gota de aceite a fuego muy fuerte, dorar los filetes de foie y ponerlos encima del arroz. Decorar con una hoja de salvia.

Ensalada de arroz con fruta y lacón

Tiempo de preparación: 15 minutos
Dificultad: Baja
Para 4 personas

INGREDIENTES:

- **arroz cocido basmati**
- **200 g de lacón cocido**
- **1 manzana**
- **1 pera**
- **1 naranja**
- **25 g de uvas pasas**
- **25 g de nueces**
- **8 fresones**
- **aceite de oliva virgen extra**
- **sal**
- **vinagre**

ELABORACIÓN:

Pelamos las frutas grandes y las cortamos en dados. Las introducimos en un bol y añadimos las uvas, las nueces, el lacón cortado en dados y el arroz.

SUGERENCIA:

Hacemos una vinagreta con un pellizco de sal, una parte de vinagre por cuatro de aceite y aliñamos la ensalada con ello. Lo mezclamos y lo servimos inmediatamente en cuencos o platos. Conviene siempre que aliñemos la ensalada en el último momento.

Arroz chino frito

Tiempo de preparación: 30 minutos   Dificultad: Media   Para 4 personas

Ingredientes:

- **700 ml de agua**
- **300 g arroz blanco de grano largo**
- **2 huevos**
- **4 cucharaditas de agua fría**
- **3 cucharadas de aceite de girasol**
- **4 cebollitas en rodajas diagonales**
- **1 pimiento rojo (verde o amarillo) en tiras finas**
- **3-4 lonchas de beicon en tiras**
- **200 g de brotes de soja frescos**
- **115 g de guisantes**
- **2 cucharadas salsa de soja clara (opcional)**
- **sal e pimienta**

Elaboración:

Disponga el agua en un wok con una cucharadita de sal y llévela a ebullición.

Lave el arroz con agua fría hasta que el agua salga clara. Incorpore el arroz al wok. Remuévalo bien, tape el wok y déjelo cocer a fuego lento durante 12-13 minutos. (No quite la tapa durante el proceso de cocción, ya que el vapor se escaparía y el arroz no se haría bien).

Retire la tapa, remueva el arroz y extiéndalo sobre una bandeja de horno para que se enfríe y se seque.

Bata cada huevo por separado con 2 cucharaditas de agua fría, sal y pimienta.

Caliente 1 cucharadita de aceite en el wok, vierta el primer huevo, extiéndalo por el fondo y sin removerlo, cuájelo. Haga lo mismo con el segundo.

Disponga las tortillas en una tabla de cocina y córtelas en tiras.

Añada el resto del aceite al wok, incorpore la cebolleta y el pimiento, y sofríalos 1-2 minutos.

Añada el beicon en tiras y continúe removiéndolo durante 1-2 minutos más.

Incorpore los brotes de soja y los guisantes, y mézclelos bien. Añada finalmente la salsa de soja, si lo desea.

Incorpore el arroz, salpimiéntelo y sofríalo durante 1 minuto, luego añada las tiras de tortilla y continúe salteándolo todo durante 2 minutos, o hasta que el arroz esté bien caliente.

Dispóngalo en una fuente templada y sírvalo inmediatamente.

Risotto de trufa y hongos

Tiempo de preparación: 60 minutos   Dificultad: Media   Para 4 personas

Ingredientes:

- **400 g de arroz**
- **300 g de cebolletas**
- **300 g de hongos**
- **1 l de caldo de ave**
- **100 ml de vino blanco**
- **25 g de mantequilla**
- **50 g de queso parmesano**
- **100 ml de aceite de oliva**
- **2 dientes de ajo**
- **perejil**
- **25 g de trufa negra (y jugo de trufa si se dispone de él)**
- **aceite de oliva**
- **sal**

Elaboración:

Limpiar los hongos y pelarlos. Tomar las peladuras y parte de los pies, cubrirlos de agua y ponerlos a cocer durante 15 minutos Colar el caldo y reservarlo.

Picar la cebolleta y sofreírla; añadir los hongos cortados en trozos (reservando alguno para el emplatado) y los ajos picados. Dejar que se hagan y añadir el vino blanco, dejándolo cocinar hasta que se evapore. Distribuir el arroz y sofreír todo junto. Mojar con el caldo de ave mezclado con el de los hongos (éste mezclado con el de trufa), poco a poco sin dejar de moverlo y dejarlo casi secar cada vez, cocinándolo durante 15-18 minutos, dependiendo de cómo guste el punto del arroz. Un par de minutos antes, incorporar la trufa cortada en láminas finas.

Apartar del fuego y añadir la mantequilla, el parmesano y el aceite, moviéndolo con una espátula de madera hasta que ligue bien. Poner a punto de sal. Aparte, saltear los hongos que se habían reservado con un poco de ajo y perejil y ponerlos por encima del risotto.

Arroz de sarrabulho

Tiempo de preparación: 30 minutos | Dificultad: Alta | Para 8 personas

INGREDIENTES:

- **1 kg de arroz**
- **500 g de gallina**
- **500 g de chuletas de cerdo**
- **1 chorizo de carne**
- **2 huesos de sarrabulho**
- **2,5 dl de sangre de cerdo**
- **1 rama de perejil**
- **2 hojas de laurel**
- **3 cebollas**
- **4 dl de aceite**
- **clavo de la India**
- **nuez moscada**
- **sal**
- **pimienta**

ELABORACIÓN:

Cueza las carnes en aproximadamente 2,5 l de agua a los que añadió la hoja de laurel, el clavo, una cebolla en cuartos, la nuez-moscada, sal y pimienta.

Cuando las carnes estén bien cocidas retire del fuego.

A parte, haga, un guiso no muy pochado, con el aceite, las cebollas troceadas, el laurel y el perejil. Riegue con agua de la cocción.

Mientras, desmenuce las carnes. Cuando el cado esté bien reducida añada el arroz y, estando medio cocido, junte las carnes desmenuzadas y la sangre licuada (en vinagre).

Remueva muy bien para que las carnes queden mezcladas con todo, rectifique aderezos y deje cocer hasta estar listo.

Finalmente, añada zumo de limón y cominos. Sirva de inmediato.

Risotto de vieiras con setas

Tiempo de preparación: 45 minutos
Dificultad: Media
Para 4 personas

INGREDIENTES:

- **400 g de arroz**
- **300 g de setas de temporada**
- **4 vieiras grandes u 8 pequeñas**
- **2 cebolletas**
- **2 dientes de ajo**
- **1 l de caldo de ave**
- **1 nuez de mantequilla (10 g)**
- **4 cucharadas soperas de queso parmesano rallado**
- **aceite de oliva**
- **sal**

ELABORACIÓN:

Limpiamos las vieiras de telillas y de tierra.
Picar las cebolletas y los ajos, sofriéndolos a continuación; añadir las setas limpias (si son grandes, trocearlas).
Seguir cocinando e incorporar el arroz, dejando que se rehogue e impregne de sabores.
Agregar el caldo de poco en poco (debe estar ya hirviendo) durante 15 minutos, sin que llegue nunca a quedarse seco del todo.
Añadir las vieiras salteadas en el momento y dejar cocer un par de min junto con el arroz.
Retirar del fuego, añadir la mantequilla, el queso rallado y ponerlo a punto de sal.

SUGERENCIA:

Servir el risotto en platos, repartir las vieiras en los platos y espolvorear un poco de perejil, sirviendo más queso rallado aparte.

Paella rápida

Tiempo de preparación: 30 minutos | Dificultad: Media-baja | Para 4 personas

INGREDIENTES:

- **500 g de arroz rápido (5 minutos de cocción)**
- **1 cebolla**
- **1 pimiento rojo**
- **1 pimiento verde**
- **3 dientes de ajo**
- **250 g de salsa de tomate**
- **300 g de pollo**
- **300 g de rape**
- **200 g de mejillones congelados**
- **150 g de chirlas**
- **200 g de gambas peladas y congeladas**
- **1 l de caldo de pescado**

ELABORACIÓN:

Cortamos el pollo en trozos pequeños y el rape en dados de dos centímetros. Doramos los trozos de pollo con un poco de sal.

Picamos la cebolla, los pimientos y los ajos. Añadimos la cebolla y el ajo a la paella y lo dejamos sofreír. Cuando estén transparentes les añadimos los pimientos, lo dejamos unos minutos y agregamos el rape. Lo rehogamos todo junto e incorporamos el tomate. Lo dejamos freír unos minutos y lo mojamos con el caldo de pescado. Llevamos a ebullición, introducimos los mejillones, las gambas y las chirlas y, en cuanto vuelva a hervir, el arroz.

Rectificamos de sal, lo dejamos cocer cinco minutos y lo terminamos como una paella normal, en el fuego o bien en el horno, dejándolo reposar un par de minutos. Lo servimos en la misma paella (que es la sartén de dos o más asas en la que se elabora el plato).

Arroz al coco

Tiempo de preparación: 30 minutos | Dificultad: Baja | Para 4 personas

INGREDIENTES:

- **600 ml de agua**
- **275 g de arroz de grano largo**
- **1/2 cucharadita de sal**
- **100 ml leche de coco**
- **25 g de coco deshidratado**
- **virutas de coco fresco para decorar (opcional)**

ELBORACIÓN:

Lave el arroz bajo el chorro de agua fría hasta que el agua salga completamente clara.
Escurra bien el arroz en un colador, que previamente habrá colocado sobre un cuenco. Así se elimina parte del almidón y los granos quedan más sueltos al cocerlos.
Disponga el arroz en un wok grande con el agua. Añada la sal y la leche de coco, y llévelo a ebullición. Cubra el wok con su tapa o con papel de aluminio. Reduzca el fuego y déjelo que se vaya cociendo de forma suave durante unos diez minutos.
Destape y ahueque el arroz con un tenedor. El caldo tendría que haber sido absorbido y los granos deberían estar tiernos. Si no fuera así, añada más agua y déjelo cocer unos minutos hasta que quede seco.

SUGERENCIA:

La leche de coco se hace con pulpa de coco remojada en agua y leche, y luego exprimida para extraer todo su sabor. Se puede hacer en casa o adquirirse en conserva.

Arroz de pulpo de Algarve

Tiempo de preparación: 30 minutos | Dificultad: Baja | Para 4 personas

INGREDIENTES:

- **1 pulpo**
- **1 vaso de vino tinto**
- **1 cebolla**
- **1 dl de aceite**
- **3 dientes de ajo**
- **3 tomates**
- **2 tazas de arroz**
- **sal y pimienta**

ELABORACIÓN:

Se limpia y se prepara el pulpo. Se cuece en agua con vino tinto. Una vez cocido se corta en taquitos y se guarda el agua de la cocción.
Se hace un rehogado con la cebolla picada, el aceite, los ajos picados y después los tomates sin piel ni semillas.
Se le añade 6 tazas de agua de la cocción y, cuando hierva, el arroz ya lavado. Se adereza con sal y pimienta. Deje que se quede bien mojado, es el llamado arroz caldoso.

Arroz al vapor con hortalizas

Tiempo de preparación: 35 minutos
Dificultad: Baja
Para 4 personas

Ingredientes:

- **400 g de arroz**
- **1 pimiento verde**
- **1 pimiento amarillo**
- **1 pimiento rojo**
- **2 tomates**
- **1 zanahoria**
- **100 g de guisantes cocidos**
- **sal**

Elaboración:

En una olla de vapor ponemos agua salada hasta la mitad aproximadamente.
Metemos en la cesta o rejilla el arroz y lo introducimos en la olla cubriéndolo de agua.
Cuando rompa a hervir levantamos la cesta y la colocamos para cocer al vapor. Lo cerramos y lo dejamos cocer veinte minutos.

Sugerencia:

Lavamos y picamos las hortalizas en dados y las mezclamos con el arroz; añadimos un hilo de aceite y lo ponemos a punto de sal.

Arroz con pollo a las cinco especias

Tiempo de preparación: 30 minutos
Dificultad: Alta
Para 4 personas

Ingredientes:

- **1 cucharada de mezcla china de 5 especias**
- **2 cucharadas de harina de maíz**
- **350 g de pechugas de pollo, sin piel y cortadas en trozos**
- **3 cucharadas de aceite de cacahuete**
- **1 cebolla a cuadraditos**
- **225 g de arroz blanco de grano largo**
- **1/2 cucharadita de cúrcuma molida**
- **600 ml de caldo de pollo**
- **2 cucharadas de cebollino picado**

Elaboración:

Disponga la mezcla china de 5 especias y la harina en un cuenco grande. Añada los trozos de pollo y rebócelos bien con la mezcla.
Caliente bien 2 cucharadas del aceite de cacahuete en un wok precalentado. Incorpore la carne y saltéela durante 5 minutos. Con una espumadera, saque el pollo del aceite y resérvelo.
Añada al wok el resto de aceite de cacahuete.
Incorpore luego la cebolla y sofríala durante 1 min.
Añada al wok el arroz, la cúrcuma y el caldo y llévelo a ebullición.
Vuelva a poner los trozos de pollo en el wok, reduzca el fuego y déjelo cocer suavemente 10 minutos, o hasta que se haya absorbido el caldo y el arroz esté tierno.
Añada el cebollino picado, revuélvalo todo y sírvalo caliente.

Nota:

Tenga cuidado al manipular la cúrcuma. Deja manchas de color amarillo en las manos y en la ropa.

Arroz con perdiz

Tiempo de preparación: 90 minutos

Dificultad: Alta

Para 4 personas

INGREDIENTES:

- **2 perdices**
- **1 cebolla**
- **3 dientes de ajo**
- **tomillo**
- **100 g de morcilla de cebolla**
- **400 g de arroz de grano grueso**

Para el caldo de perdiz:

- **1 cebolla**
- **1 puerro**
- **1 cabeza de ajos**
- **5 chalotas**
- **1 ramita de tomillo**
- **200 ml de vino blanco**

Para la picada:

- **los interiores de las perdices**
- **2 dientes de ajo**
- **50 g de almendras crudas**

ELABORACIÓN:

Limpiamos las perdices de plumas y de interiores (estos los reservamos). Las asamos dejándolas a medio hacer y las deshuesamos, dejando las pechugas por un lado y las patitas por otro.

Hacemos un caldo de perdiz salteando sus huesos en un puchero con un poco de aceite de oliva; cuando están dorados añadimos la verdura lavada y cortada y lo dejamos sofreír todo junto.

Agregamos el vino blanco y el tomillo; dejamos evaporar los alcoholes y lo cubrimos con agua, dejando cocer durante 45 minutos aproximadamente y lo colamos.

Picada:

En una sartén, salteamos por separado los interiores de las perdices, los ajos y las almendras; lo metemos todo en un mortero y lo machacamos. Reservamos.

En un puchero ancho, sofreímos la cebolla picada junto con el ajo; añadimos la morcilla sin la tripa y desmenuzada, agregamos el arroz y lo dejamos sofreír todo junto durante unos minutos.

Incorporamos 1200 mililitros de caldo de perdiz y lo dejamos cocer durante 12 minutos Pasado este tiempo, añadimos la picada y un poco de tomillo picado; dejamos cocer tres minutos más y que repose otros tres.

Mientras, acabamos de hacer las pechugas y los muslitos de perdiz en una sartén con un poco de aceite, sal y pimienta.

SUGERENCIA:

Colocamos el arroz en un plato sopero y encima las pechugas de perdiz fileteadas. Ponemos el muslito en el centro, espolvoreando perejil picado.

Sushi de verduras y tiras de pavo

Tiempo de preparación: 60 minutos
Dificultad: Media
Para 4 personas

Ingredientes:

- **200 g de fiambre de pechuga de pavo en tiras**
- **2 zanahorias**
- **100 g de judías verdes**
- **1 pimiento rojo**
- **1 pimiento amarillo**
- **1 paquete de alga nori**
- **300 g de arroz**
- **salsa de soja**

Elaboración:

Cuece el arroz en abundante agua con sal durante 10 minutos y escúrrelo sin pasarlo por agua fría, para que se acabe de hacer y evitar que pierda el almidón.

Mientras, corta los pimientos en tiras, retira las hebras de las judías verdes y córtalas en bastones. Cuece las judías, dejándolas al dente en agua y sal. Escalda las demás verduras y resérvalas. Cortamos el pavo en tiras de 1 centímetro de sección aprox.

Sugerencia:

Estira las algas sobre una esterilla de bambú y coloca en el centro el arroz junto con las verduras y el pavo. Enróllalo y reserva en la nevera.

Arroz hoja de loto

Tiempo de preparación: 35 minutos | Dificultad: Media | Para 4-6 personas

INGREDIENTES:

- **8 hojas de loto**
- **1 cucharada de aceite**
- **1 diente de ajo machacado**
- **3 cebollas tiernas picadas**
- **125 g de setas enanas cortadas en rodajas**
- **50 g de jamón cocido cortado en dados**
- **125 g de pollo cocido cortado en dados**
- **algunos guisantes**
- **50 g de brotes de bambú en lata picados**
- **175 g de arroz de grano grande, cocido**
- **2 cucharadas de salsa de soja**
- **2 cucharadas de jerez seco**

ELABORACIÓN:

Ponga en remojo las hojas de loto en agua caliente durante 30 minutos. Escúrralas bien.

Caliente aceite en un wok o una sartén profunda, ponga el ajo y las cebollas tiernas, y fría, removiendo durante 1 minuto.

Añada los ingredientes restantes, excepto las hojas de loto y cueza un par de minutos.

Corte cada hoja de loto en 2 o 3 trozos y divida la mezcla entre los trozos de loto, vertiéndola en con centro de los mismos.

Doble la hoja, formando un paquetito y asegure con cordel o rafia. Coloque en un horno e vapor y cueza a fuego vivo 15 o 20 minutos.

Amontone los paquetitos en una fuente para servir precalentada y sirva inmediatamente. Cada comensal abre su propio paquete.

NOTA:

Puede utilizar hojas de parra en lugar de las de loto. Necesitará una hoja para cada paquetito.

Arroz al horno con esencia de vainilla

Tiempo de preparación: 30 minutos Dificultad: Media Para 4 personas

INGREDIENTES:

- **3/4 l de leche**
- **2 cucharadas de mantequilla (manteca) o margarina**
- **200 g de arroz**
- **una pizca de sal**
- **2 huevos**
- **125 g de azúcar molida**
- **1/2 cucharadita de esencia de vainilla**
- **1 cucharada de canela en polvo**
- **mantequilla (manteca) o margarina para cocinar**

ELABORACIÓN:

Hervir la leche, agregar las 2 cucharadas de mantequilla o margarina, el arroz y la sal. Cocinar hasta que el arroz esté a punto.

Enfriar (si hiciera falta durante la cocción añadir algo más de leche o de agua).

Separar las yemas y las claras de los huevos, agregar las primeras al arroz frío y luego las claras a punto de nieve uniendo suavemente.

Untar con mantequilla una tartera amplia y poner en ella en capas la mezcla y hornearlo hasta dorar.

SUGERENCIA:

Servir caliente acompañado con una preparación hecha de azúcar, canela y mantequilla derretida o bien compota a gusto.

Arroz con conejo y caracoles

Tiempo de preparación: 45 minutos | Dificultad: Media | Para 4 personas

Ingredientes:

- **200 g de arroz**
- **1 kg de conejo**
- **300 g de caracoles en conserva**
- **1 l de caldo de ave**
- **1 cebolla**
- **100 g de setas**
- **1 pimiento verde**
- **1 pimiento rojo**
- **2 tomates rojos**
- **5 dientes de ajo**
- **1 cucharada de almendras**
- **1 ramita de romero**
- **200 ml de vino blanco**

Elaboración:

Limpiamos el conejo, lo troceamos reservando los higaditos aparte y, en una olla, doramos dos ajos, las almendras y los higaditos. Lo majamos todo en un mortero y lo reservamos.

En la misma olla, doramos el conejo sazonado.

Añadimos la cebolla picada, el pimiento, las setas cortadas y el resto de los ajos picados, además de la ramita de romero y los tomates cortados en dados.

Lo dejamos rehogar todo junto y añadimos el vino blanco.

Dejamos que evapore el alcohol y añadimos el caldo, dejándolo hervir diez minutos.

Añadimos el arroz e incorporamos los caracoles.

Tras ponerlo a punto de sal, añadimos el majado diluido con un poco de caldo y lo dejamos cocer durante 18 minutos.

Sugerencia:

Dejamos que el guiso repose fuera del fuego un par de minutos y servimos en platos soperos, espolvoreando con perejil picado.

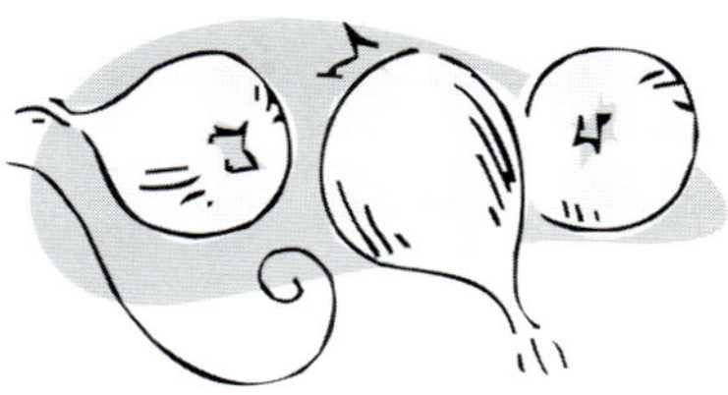

Arroz con coco y banana-da-terra

Tiempo de preparación: 30 minutos | Dificultad: Baja | Para 4 personas

INGREDIENTES:

- **150 g de coco fresco**
- **4 cucharadas soperas de aceite**
- **1 taza de té de arroz**
- **sal**
- **pimienta negra en grano**
- **3 bananas-da-terra**

ELABORACIÓN:

Caliente 2 cucharadas soperas de aceite en una cazuela, añada 150 g de coco fresco cortado en lascas y fríalo, moviendo de vez en cuando durante 5 minutos, o hasta que se dore.

Retire el coco, colóquelo sobre un trozo de papel de cocina y reserve.

En la misma cazuela, añada 2 cucharadas soperas de aceite y rehogue 1 taza de té de arroz lavado y escurrido, hasta que quede brillante.

Añada 2 tazas y media de agua hirviendo, sal y pimienta al gusto y cúbralo con 3 bananas-da-terra medianas cortadas en rodajas (1 a 1,5 cm).

Reduzca el fuego, tape parcialmente la cazuela y cocínelo durante 35 minutos, o hasta que el arroz quede al dente.

Retire del fuego y mezcle con las lascas de coco cuidadosamente. Sirva enseguida.

Arroz con guisantes y pollo

Tiempo de preparación: 30 minutos	Dificultad: Media	Para 4 personas

INGREDIENTES:

- **400 g de arroz**
- **1/2 kg de pollo**
- **2 alcachofas**
- **1 tomate**
- **2 dientes de ajo**
- **aceite de oliva**
- **azafrán**
- **perejil y sal**

ELABORACIÓN:

Se sofríe la carne de pollo troceada hasta que se dore.

A continuación se incorporan los guisantes desgranados, los corazones de alcachofa, partidos en cuatro, y el tomate pelado y troceado.

Se rehoga todo con perejil y ajo picado, añadiendo el agua necesaria para su cocción. Una vez tiernos todos los ingredientes, se incorpora el arroz, se sazona con sal y azafrán y se termina de cocer.

Arroz con pollo al estilo chino

Tiempo de preparación: 30 minutos	Dificultad: Media	Para 4 personas

INGREDIENTES:

- **350 g de arroz blanco de grano largo**
- **1 cucharadita de cúrcuma molida**
- **2 cucharadas de aceite de girasol**
- **350 g de contramuslos de pollo, sin piel, deshuesados y en tiras**
- **1 pimiento rojo y 1 verde en tiras finas**
- **1 guindilla verde despepitada y muy picada**
- **1 zanahoria rallada no muy fina**
- **150 g de brotes de soja**
- **6 cebolletas en rodajas y un poco más para decorar**
- **2 cucharadas salsa de soja clara**
- **sal**

ELABORACIÓN:

Disponga el arroz junto con la cúrcuma en una cazuela grande con agua ligeramente salada. Cuézalo unos 10 minutos hasta que esté tierno.

Escúrralo y séquelo bien presionándolo con un poco de papel de cocina.

Caliente el aceite de girasol en un wok o una sartén precalentados. Incorpore seguidamente las tiras de carne y saltéelas a fuego vivo justo hasta que empiecen a adquirir un tono dorado.

Incorpore la guindilla verde y el pimiento, y siga sofriendo todos los ingredientes durante 2-3 minutos.

Añada el arroz cocido poco a poco, en tandas, y removiendo cada vez, para mezclarlo bien y para que los granos queden sueltos. Añada la zanahoria, los brotes de soja y la cebolleta, y saltéelos durante 2 minutos.

Condimente el arroz con la salsa de soja y remuévalo bien.

Disponga el arroz con pollo al estilo chino en una fuente caliente. Decórelo, si lo desea, con la cebolleta reservada y sírvalo inmediatamente.

Arroz caldoso de paloma torcaz y morcilla

Tiempo de preparación: 90 minutos

Dificultad: Alta

Para 4 personas

Ingredientes:

- **4 palomas torcaces**
- **1 cebolla**
- **3 dientes de ajo**
- **tomillo**
- **200 g de morcilla de cebolla**
- **400 g de arroz de grano grueso**
- **aceite de oliva**
- **sal**
- **pimienta**
- **perejil**
- **tomillo**

Para el caldo de paloma:

- **1 cebolla**
- **1 puerro**
- **1 cabeza de ajos**
- **5 chalotas**
- **1 ramita de tomillo**
- **500 ml de vino tinto**

Picada:

- **interiores de las palomas**
- **2 dientes de ajo**
- **50 g de almendras crudas**

Elaboración:

Limpiamos las palomas de plumas y de interiores (estos los reservamos). Las asamos dejándolas a medio hacer y las deshuesamos, dejando las pechugas por un lado y las patitas por otro.

Para el caldo de paloma:

En un puchero con un poco de aceite de oliva salteamos los huesos de las palomas. Cuando están dorados le añadimos la verdura lavada y cortada y lo dejamos sofreír todo junto. Agregamos el vino tinto y el tomillo. Dejamos evaporar los alcoholes y lo cubrimos con agua.
Lo dejamos cocer durante una hora aproximadamente, probamos de sal y lo colamos.

Picada:

En una sartén, salteamos por separado los interiores de las palomas, los ajos y las almendras; lo metemos todo en un mortero y lo machacamos. Reservamos.
En un puchero ancho, sofreímos la cebolla picada junto con el ajo; añadimos la morcilla sin la tripa y desmenuzada, agregamos el arroz y lo dejamos sofreír todo junto durante unos minutos. Incorporamos 1200 mililitros de caldo de paloma y lo dejamos cocer durante 12 minutos Pasado este tiempo, añadimos la picada, un poco de tomillo picado, lo dejamos cocer tres minutos más y que repose otros tres. Mientras, acabamos de hacer las pechugas y los muslitos de paloma en una sartén con un poco de aceite, sal y pimienta.

Sugerencia:

Servimos el arroz caldoso en un plato sopero y encima las pechugas de paloma fileteadas. Ponemos el muslito en el centro y añadimos pimienta negra, perejil picado y una ramita de tomillo.

Arroz abanda

Tiempo de preparación: 80 minutos Dificultad: Alta Para 4 personas

INGREDIENTES:

- **500 g de pescado variado**
- **500 g de arroz**
- **500 g de patatas**
- **500 g de cebollas**
- **8 dientes de ajo**
- **1 ramita de perejil**
- **canela**
- **azafrán**
- **2 dl de aceite**
- **sal y pimienta negra**

ELABORACIÓN:

Pelar y picar las cebollas; pelar las patatas y los ajos; limpiar y cortar en trozos grandes el pescado. Calentar unas 7 cucharadas de aceite en una cazuela y rehogar la cebolla y las patatas; remover y añadir casi 1 litro de agua.

Majar en un mortero 2 dientes de ajo, con el perejil, una pizca de canela, pimienta y sal; aclarar con un poco de agua y añadir este majado a la cazuela, que se tapa y se deja cocer a fuego suave hasta que las patatas estén tiernas. Añadir el pescado y otro litro de agua; corregir la sazón de sal, añadir unas hebras de azafrán y cocer unos 10 minutos. Retirar los ingredientes y colar el caldo.

Calentar en una paella el resto del aceite, echar los dientes de ajo restantes y el arroz; remover, añadir el doble del arroz de caldo caliente, completando con agua hirviendo si es necesario, y dejar cocer a fuego moderado unos 20 minutos, hasta que se consuma el líquido. Servir el arroz y aparte el pescado con patatas.

Arroz con pato al estilo de la "Beira"

Tiempo de preparación: 30 minutos Dificultad: Media Para 4 personas

INGREDIENTES:

- **1 pato joven**
- **200 g de jamón**
- **1 chorizo**
- **300 g de vaca para cocer**
- **2 zanahorias**
- **2 nabos**
- **1 col-berza**
- **1 cebolla**
- **2 cucharadas de aceite**
- **1/2 kg de arroz**

ELABORACIÓN:

Se cuece el pato, una vez limpio, en agua con el jamón, el chorizo y la carne de vaca. Después de cocido se retiran las carnes y en el mismo agua se cuecen las verduras, menos la cebolla.

Se rehoga la cebolla, picada, en el aceite y se añade el agua en que se coció el pato, mientras que la cantidad de esta sea el doble que el del volumen del arroz. Cuando hierva se añade el arroz ya lavado y se deja cocer. Aún húmedo, se retira mitad para un asador, encima se colocan las carnes en trozos, el pato deshuesado y se cubre con el arroz restante. Se pone al horno para que se dore. Las verduras se sirven aparte.

Arroz rápido con curry y gambas

Tiempo de preparación: 25 minutos   Dificultad: Baja   Para 4 personas

INGREDIENTES:

- **2 cebolletas**
- **2 manzanas golden**
- **500 g de arroz de cocción rápida (cinco minutos)**
- **300 g de gambas congeladas**
- **1 cucharadita (de las de café) de curry**
- **250 ml de nata líquida**
- **500 ml de caldo de ave**
- **aceite de oliva y sal**

ELABORACIÓN:

Picamos las cebolletas y las sofreímos; pelamos las manzanas y las cortamos en dados de un cm. Las añadimos al sofrito, lo rehogamos e incorporamos el curry.

Mojamos con el caldo y, cuando empiece a hervir, agregamos el arroz y las gambas.

Lo dejamos hervir cuatro minutos y añadimos la nata.

SUGERENCIA:

Dejamos que hierva unos minutos, lo rectificamos de sal y añadimos un poco de perejil picado. Servimos en platos soperos.

Arroz con golada

Tiempo de preparación: 60 minutos   Dificultad: Alta   Para 12 personas

INGREDIENTES:

- **1,5 kg de arroz**
- **1 asadura de cerdo (pequeño)**
- **1 hueso del pecho del cerdo**
- **400 g de tocino entreverado**
- **2 cebollas pequeñas**
- **3 dl de sangre de cerdo**
- **6 clavos**
- **vinagre**
- **pimienta y pimentón picante**
- **sal gruesa**

ELABORACIÓN:

En un barreño, coloque la asadura, una vez limpia y abierta, envuelta en algo de sangre diluida en vinagre. Déjela así de un día para otro.

Al día siguiente, escurra la sangre de la asadura y, en una olla con agua hirviendo, introdúzcala con el hueso del pecho, la cebolla engastada de clavos, el tocino entreverado y la sal gruesa.

Retire las carnes cuando estén bien cocidas y deje reducir el caldo de la cocción. (Deje hervir cerca de 4 horas).

Mida el caldo (tendrá que haber 3 veces el volumen de arroz y, si fuera necesario añada algo de agua), añada la sangre, mueva y añada el pimentón, pimienta y, si fuera necesario, más clavo y sal. Introduzca, entonces, el arroz bien lavado, seleccionado y escurrido.

Déjelo cocer lentamente, removiendo con un tenedor para que no se pegue. Antes de estar totalmente cocido, retírelo del fuego, tape la cazuela y deje secar.

Sírvalo con las carnes cortadas, por encima y acompañado de aceitunas.

NOTA:

La asadura de cerdo, en este caso, es el conjunto de la lengua, de la garganta, de los pulmones y del corazón. Se entiende que para confeccionar este plato, sabrá necesariamente limpiar estos elementos.
La asadura forma parte del almuerzo de la "matanza". Hay quien también añade el estómago.

Arroz cremoso con cabracho y almejas

Tiempo de preparación: 60 minutos | Dificultad: Media | Para 6 personas

INGREDIENTES:

- **400 g de arroz bomba**
- **800 g de cabracho**
- **200 g de almejas**
- **2 cebolletas**
- **1 pimiento verde**
- **2 dientes de ajo**
- **100 ml de vino blanco**
- **250 g de calamar**
- **unas hebras de azafrán**
- **aceite de oliva**
- **sal**

Para el caldo de pescado:

- **1 zanahoria**
- **1 cebolla**
- **1 puerro**
- **1 rama de apio**
- **2 dientes de ajo**
- **espinas y cabeza del cabracho**

ELABORACIÓN:

Para el caldo de pescado:
Sofreír las espinas y la cabeza en un puchero con un poco de aceite. Añadir las verduras limpias y troceadas. Dejar rehogar todo junto y cubrirlo con agua, dejándolo hervir 20 minutos Pasado ese tiempo, retirarlo del fuego y colarlo.
Abrir las almejas con un poco de ajo picado, 2 cuchardas de vino blanco y un poco de caldo de pescado. Una vez abiertas, reservar la carne de las almejas y el jugo colado.

Para el arroz:
Sofreír las cebolletas picadas con un poco de aceite de oliva. Añadir el pimiento cortado en dados, los ajos picados y añadir el calamar en dados.
Sofreír todo e incorporar el vino blanco, dejando que se evapore el alcohol. Agregar el arroz y dejarlo rehogar para "cerrar" el grano.
Mojar con el caldo de pescado y el jugo de las almejas. Dejar hervir durante 18 minutos aprox. A mitad de cocción del arroz se le añade el azafrán.
Mientras, dorar los lomos de cabracho a la plancha con unas gotas de aceite y un poco de sal.

SUGERENCIA:

Servir el arroz en los platos, disponiendo los filetes de cabracho encima junto a los cuerpos de las almejas. Como sugerencia, se pueden añadir unos tallarines de chipirón brevemente salteados por encima.

Arroz con tordos

Tiempo de preparación: 45 minutos
Dificultad: Alta
Para 4 personas

Ingredientes:

- **12 tordos**
- **1 chorizo de carne**
- **250 g de bacon**
- **250 g de jamón**
- **1 diente de ajo**
- **2 cebollas**
- **4 dl de aceite**
- **1 ramo de perejil**
- **sal**
- **pimienta**

Elaboración:

Haga un sofrito pochado con el aceite, la cebolla y el ajo troceados.

Añada la panceta, el jamón, el chorizo, los tordos enteros y limpios, el perejil y algo de agua. Tape la cazuela y deje rehogar bien sin que los tordos se deshagan. Retire el chorizo y los tordos.

Añada agua (4 veces la medida del arroz) y, cuando levante el hervor, meta el arroz. Rectifique aderezos y deje hervir a fuego lento.

Cuando esté listo, coloque los tordos dorados en mantequilla sobre el arroz, el chorizo en rodajas y sirva de inmediato.

Este arroz debe quedar caldoso.

Nota:

Si quisiera un Arroz de Tordos seco añada menos agua para cocer el arroz y, cuando levante el hervor, métalo al horno caliente para secar.

Arroz de la huerta

Tiempo de preparación: 40 minutos   Dificultad: Media   Para 4 personas

Ingredientes:

- **350 g de arroz**
- **400 g de judías verdes**
- **200 g de habas desgranadas**
- **200 g de guisantes**
- **2 cebolletas**
- **2 tomates**
- **2 dientes de ajo**
- **3/4 l de caldo de verduras desgrasado**
- **1 dl de aceite de oliva**
- **unas hebras de azafrán**
- **perejil picado**
- **sal**
- **pimienta**

Elaboración:

Cortar las judías verdes en juliana fina. Escaldar los tomates durante 2 minutos, refrescarlos, retirarles las simientes y cortarlos en dados.

Calentar el aceite en una paella y saltear las judías verdes, las habas, los guisantes y las cebolletas picadas.

Retirarlos y en el mismo aceite freír los dientes de ajo picados y los tomates pelados. Incorporar el arroz y rehogarlo hasta que esté transparente. Agregar las verduras preparadas y el perejil.

Mojar con el caldo hirviendo donde se habrá diluido las hebras de azafrán. Sazonar con pimienta y sal.

Llevar a ebullición y cocer a fuego fuerte durante 10 minutos. Bajar el fuego y continuar la cocción de 8 a 10 minutos más. Si fuera necesario se le puede agregar un poco de caldo caliente.

Dejar reposar 5 minutos antes de servirlo.

Tartaletas de arroz con mejillones y huevo de codorniz

Tiempo de preparación: 30 minutos | Dificultad: Media-baja | Para 4 personas

INGREDIENTES:

- **4 tartaletas de masa quebrada salada**
- **4 huevos de codorniz**
- **60 g de arroz thailandés cocido (a falta de 2 minutos)**
- **8 mejillones**
- **1 copa de vino blanco**
- **2 vasos de fumet o caldo de pescado y sal**

ELABORACIÓN:

Limpiamos los mejillones y los ponemos a fuego vivo; añadimos la copa de vino blanco y el fumet. En cuanto se abran, los colamos.

Desechamos la cáscara y picamos los cuerpos de los mejillones. Terminamos de hacer el arroz con el jugo resultante de los mejillones; incorporamos los cuerpos picados.

Agregamos un poco de mantequilla para que quede cremoso, pero no líquido. Reservamos.

Cocemos los huevos de codorniz en agua salada, para que se pelen mejor.

Rellenamos las tartaletas con el arroz y colocamos en el centro medio huevo de codorniz. Decoramos con una hojita de perifollo.

Arroz con langosta

Tiempo de preparación: 60 minutos | Dificultad: Alta | Para 8 personas

Ingredientes:

- **2 langostas de 500-600 gramos cada una**
- **1 cebolla**
- **2 dientes de ajo**
- **1,5 l de caldo de pecado**
- **50 g de almendras tiernas**
- **1 cucharadita (de las de café) de azafrán**
- **400 g de arroz bomba de Calasparra**
- **200 g de salsa romesco (se puede sustituir por salsa de tomate)**

Para el caldo de langosta:

- **1 zanahoria**
- **1 puerro**
- **1 cebolla**
- **1 cabeza de ajos**
- **1 bulbo de hinojo fresco**
- **las cabezas de las langostas**
- **100 ml de brandy**

Elaboración:

Cortamos la langosta en rodajas, separamos las cabezas, les retiramos el coral y lo reservamos.

Para el caldo de langosta:

Pelamos y lavamos las verduras; las ponemos a sofreír con un poco de aceite de oliva. Cuando están doradas, añadimos las cabezas de langosta troceadas, las dejamos que se doren y agregamos el brandy.

Dejamos que se evapore el alcohol y añadimos el caldo de pescado. Dejamos hervir durante treinta minutos, lo sacamos y lo reservamos.

En un mortero machacamos el azafrán, le añadimos las almendras doradas en una sartén con un poco de aceite y seguimos machacando; incorporamos el coral de la langosta y lo machacamos hasta que quede una pasta, reservamos.

En una olla doramos los trozos de langosta con un poco de sal; los retiramos, pelamos la cebolla y los ajos y los sofreímos en la misma olla con un poco de aceite de oliva.

Cuando esté dorado añadimos el arroz, la salsa romesco y lo sofreímos todo junto durante unos minutos. Lo mojamos con el caldo de langosta y cocinamos durante doce minutos.

Añadimos las langostas y la picada de azafrán y lo dejamos cocer durante tres-cuatro minutos dejándolo un poco caldoso. Lo ponemos a punto de sal y lo retiramos.

Sugerencia:

Servimos el arroz en platos soperos y sobre él los trozos de langosta, espolvoreando un poco de perejil picado.

Arroz con pulpo

Tiempo de preparación: 35 minutos
Dificultad: Media
Para 4 personas

Ingredientes:

- **1,5 kg de pulpo**
- **450 g de arroz**
- **2 dientes de ajo**
- **2 cebollas**
- **2 dl de aceite**
- **1 hoja de laurel**
- **1 limón**
- **sal**
- **pimienta**

Elaboración:

Limpie muy bien el pulpo de toda la viscosidad, lavando en varías aguas.

Cuando esté limpio, aderécelo con zumo de limón y sal. Escáldelo con agua hirviendo.

Después de escaldado, córtelo en trozos.

En seguida, póngalo, cortado en trozos, a cocer en agua condimentada con sal.

A parte, haga un sofrito con el aceite, la cebolla y el ajo bien troceados y el laurel.

Cuando la cebolla esté dorada, añada el agua de la cocción del pulpo (tres veces el volumen del arroz).

Cuando levante el hervor, mezcle el arroz, lavado y seleccionado, y el pulpo en trozos.

Aderece con sal y pimienta.

Deje cocer y rectifique aderezos.

Sirva caliente acompañado de filetes de pulpo frito.

Arroz con bacalao y garbanzos

Tiempo de preparación: 30 minutos
Dificultad: Media
Para 4 personas

INGREDIENTES:

- **400 g de arroz**
- **200 g de bacalao**
- **150 g de garbanzos**
- **1 tomate**
- **1 pimiento**
- **2 dientes de ajo**
- **aceite de oliva**
- **sal**
- **azafrán**
- **pimentón**

ELABORACIÓN:

Se tuesta el bacalao, se desmenuza y se tiene en remojo durante una hora.

En una cacerola con aceite se sofríen los ajos picados, el pimiento troceado, y el tomate pelado y cortado.

Seguidamente se incorpora el bacalao bien escurrido, los garbanzos previamente cocidos, azafrán y pimentón.

A continuación se añade el arroz, se saltea un poco y se agrega el agua caliente (el arroz debe quedar seco).

Se rectifica de sal si es necesario y se continúa la cocción hasta que el arroz esté en su punto.

Arroz salvaje con carpaccio de bogavante y aceite de nuez

Tiempo de preparación: 40 minutos **Dificultad:** Media-alta **Para** 4 personas

INGREDIENTES:

- **240 g de arroz salvaje**
- **2 bogavantes de 500 g la pieza**
- **50 ml de vinagre de Módena**
- **150 ml de aceite de nuez**
- **sal**

ELABORACIÓN:

Cocemos el arroz, procurando no dejarlo demasiado cocido (mejor seguir las instrucciones del envasador).

Cocemos los bogavantes durante tres minutos desde el momento en que el agua comience a hervir de nuevo, para que nos queden jugosos.

Pelamos los bogavantes, dejando la cabeza bien limpia para decorar; extraemos el cuerpo entero para el carpaccio, y pelamos pinzas y codos para pelar con el arroz.

Por otro lado, hacemos una vinagreta con el aceite de nuez, sal y el vinagre de Módena.

Cortamos lo más posible fino el cuerpo del bogavante y lo vamos colocando en láminas muy finas a lo largo de la base del plato.

Por encima y alrededor regamos con el aceite de nuez y sobre todo, colocamos en dos bouquets pequeñitos el arroz mezclado con los dados de bogavante.

SUGERENCIA:

Decoramos con la cabeza del bogavante y unas hierbas aromáticas.

Arroz con hígado de ternera a la lisboeta

Tiempo de preparación: 35 minutos	Dificultad: Media	Para 6 personas

INGREDIENTES:

- **700 g de hígado**
- **125 g de mantequilla**
- **250 g de arroz**
- **1 cebolla media**
- **perejil**
- **pimienta en grano y sal gruesa**

ELABORACIÓN:

Limpie el hígado, córtelo en trozos pequeños (cerca de 2 centímetros de grosor) y aderécelos con pimienta (poca) molida en el momento y sal, también poca. Fríalos en seguida, a fuego vivo, en 100 g de mantequilla con una cucharada sopera de perejil picado, 1 cebolla troceada y laurel, pasada previamente por 25 g de mantequilla.

A parte, confeccione (elabore) 250 g de arroz de mantequilla y utilícelo para adornar el hígado, colocado en el centro de una fuente. Métala al horno a calentar. Sirva, estando caliente.

Salteado de arroz con huevo

Tiempo de preparación: 35 minutos	Dificultad: Media	Para 4 personas

INGREDIENTES:

- **2 cucharadas de aceite de cacahuete**
- **1 huevo**
- **1 diente de ajo muy picado**
- **1 cebolla pequeña muy picada**
- **1 cucharada de pasta de curry**
- **250 g de arroz de grano largo cocido**
- **55 g de guisantes cocidos**
- **1 cucharada de salsa de pescado**
- **2 cucharadas de ketchup**
- **2 cucharadas de cilantro picado**

Para decorar:

- **flores de guindilla y rodajas de pepino**

ELABORACIÓN:

Para hacer las flores de guindilla, tome cada chile por el rabo con los dedos y, con un cuchillo de punta bien afilado, córtelo desde la punta hasta llegar casi al extremo superior. Haga 4 cortes en total. Sacuda las semillas. Corte luego cada "pétalo" por la mitad o en cuartos, de forma que obtenga 8-16 tiras. Deje las guindillas a remojo en agua con hielo.

Caliente 1 cucharadita del aceite en un wok precalentado. Bata bien el huevo con 1 cucharadita de agua. Viértalo en el wok y extiéndalo para cubrir todo el fondo. Cuando esté cuajada, retire la tortilla del wok, enróllela y resérvela. Añade el resto del aceite en el wok, y sofría el ajo y la cebolla a fuego medio durante 1 minuto. Añada la pasta de curry, luego el arroz y los guisantes. Remuévalo bien para que todo se caliente uniformemente.

Incorpore al wok la salsa de pescado tailandesa, el ketchup y el cilantro picado. Retire el wok del fuego y disponga el arroz apilado sobre una fuente templada.

Corte luego un rollo de tortilla en espirales finas e decore con ellas el arroz, junto con las flores de chile y las rodajas de pepino. Sirva el salteado caliente.

Arroz caldoso con merluza

Tiempo de preparación: 50 minutos
Dificultad: Media
Para 4 personas

INGREDIENTES:

- **4 lomos de merluza de 200 g cada uno**
- **sal**

Para el fumet:

- **espinas de merluza**
- **2 dientes de ajo**
- **1 cebolla**
- **1 puerro**
- **1 rama de apio**
- **aceite de oliva**

Para el arroz:

- **300 g de arroz**
- **200 g de judías verdes**
- **1 cebolla**
- **2 dientes de ajo**
- **1 calabacín**
- **1 zanahoria**
- **1 pimiento rojo**
- **1 tomate**
- **2 ñoras**
- **aceite de oliva**

ELABORACIÓN:

Para el fumet:

Saltear las espinas en una olla con un poco de aceite. Añadir las verduras lavadas y cortadas, sofriendo todo junto.

Cubrir de agua y dejarlo hervir durante 20 minutos a fuego lento.

Para el arroz:

Dorar los ajos y las ñoras en un puchero con un poco de aceite (vigilando que no se tuesten, ya que amargarían). Retirar, majarlo en un mortero y reservar.

Pelar y cortar en dados el tomate. Cortar el resto de verduras en juliana.

En el mismo puchero en el que se doraron ajos y ñoras, sofreír la cebolla, el pimiento, la zanahoria, el calabacín y las judías verdes. Añadir el tomate, dejar que se evapore el agua y agregar el arroz.

Sofreírlo y mojarlo con 1 l de fumet, hirviendo durante 12 minutos.

Desleír el majado con un poco de fumet hirviendo y agregárselo de nuevo al arroz.

Incorporar la merluza, dejando cocer todo junto 5 minutos más.

Rectificar de sal y servir en platos soperos inmediatamente para que el arroz no se pase.

Se puede presentar el pescado por encima del arroz con una juliana de judías verdes recién escaldadas.

Arroz con bacalao al horno

Tiempo de preparación: 30 minutos Dificultad: Media Para 4 personas

INGREDIENTES:

- **2 trozos de bacalao (lomo)**
- **650 g de arroz**
- **3 dientes de ajo**
- **1 dl de aceite**
- **1 hoja de laurel**

Para el caldo:

- **1 cola de bacalao**
- **1 tajada fina de bacalao**
- **4 dientes de ajo**
- **1 dl de aceite**
- **1 hoja de laurel**
- **1 rama de perejil**

ELABORACIÓN:

Para el caldo:

Haga un guiso, poco pochado, con el aceite, la hoja de laurel, la rama de perejil y los ajos troceados. Añada la cola y la tajada fina de bacalao, cuando los ajos comiencen a dorarse. Añada agua y deje hervir.

Para el arroz:

Quite la piel y las espinas a los trozos de bacalao, anteriormente remojados. Desmenúcelos y colóquelos en una fuente de horno con el aceite, la hoja de laurel, la rama de perejil y los dos dientes de ajo enteros.
Cuando el aceite esté hirviendo añada el arroz y el caldo también a hervir, anteriormente colada. (El caldo debe tener tres veces el volumen del arroz). Deje levantar el hervor y rectifique aderezos. Mueva bien y meta al horno para cocer.

Arroz con huevo y buey a las siete especias

Tiempo de preparación: 60 minutos Dificultad: Media Para 4 personas

INGREDIENTES:

- **225 g de arroz blanco de grano largo**
- **600 ml de agua**
- **350 g de solomillo de buey**
- **2 cucharadas salsa de soja oscura**
- **2 cucharadas de ketchup**
- **1 cucharada de 7 especias chinas**
- **2 cucharadas de aceite de cacahuete**
- **1 cebolla en dados**
- **225 g de zanahorias en dados**
- **100 g de guisantes congelados**
- **2 huevos batidos**
- **2 cucharadas de agua fría**

ELABORACIÓN:

Lave bien el arroz bajo el grifo y escúrralo. Dispóngalo luego en una cazuela con el agua, llévelo a ebullición, tápelo y deje que cueza suavemente durante 12 minutos, hasta que esté tierno. Extiéndalo sobre una bandeja y deje que se enfríe.

Con un cuchillo afilado, corte la carne en rodajas finas y dispóngala en un recipiente.

Ahora mezcle la salsa de soja, el ketchup y el condimento de 7 especias chinas. Vierta la salsa sobre la carne e imprégnela bien.

Caliente bien el aceite en un wok precalentado. Añada la carne y saltéela durante 3-4 minutos.

Incorpore la cebolla, la zanahoria y los guisantes, y sofríalo todo 2-3 minutos. Añada luego el arroz y mézclelo con los otros ingredientes.

Bata los huevos con 2 cucharadas de agua fría. Vierta la mezcla en el wok, y sofríalo todo durante 3-4 minutos, o hasta que el arroz esté bien caliente y el huevo cuajado. Disponga el arroz en un recipiente caliente y sírvalo inmediatamente.

VARIACIÓN:

Si lo prefiere, utilice carne de cerdo o pollo en lugar de buey y ternera.

Arroz con pato

Tiempo de preparación: 45 minutos
Dificultad: Alta
Para 6 personas

INGREDIENTES:

- **1 pato**
- **300 g de jamón**
- **1 chorizo**
- **1/2 oreja de cerdo**
- **600 g de arroz**
- **2 cucharadas soperas de mantequilla**
- **1 limón**
- **1 ramo de perejil**
- **clavo**
- **sal**
- **pimienta**

ELABORACIÓN:

Limpie el pato y la oreja de cerdo.

Ponga al fuego en bastante agua, junto con el chorizo, el jamón, el perejil y el clavo. Salpimiente.

Cuando las carnes estén bien cocidas (sin que se deshagan) sáquelas.

Quite también la grasa formada en la superficie del caldo y cuélelo.

Ponga el caldo en una olla (2 veces el volumen del arroz) y cuando levante el hervor añada el arroz y el zumo de limón. Rectifique aderezos.

Deje abrir el arroz, páselo a una bandeja y póngalo en el horno caliente.

Cuando ya no haya caldo, meta el pato, untado de mantequilla, en el arroz, introduzca de nuevo en el horno, y déjelo acabar de cocer (dorar).

Retire el pato y desmenúcelo. Corte el jamón y la oreja de cerdo en trozos y el chorizo en rodajas.

Alterne las carnes sobre el arroz.

Sirva muy caliente.

Arroz frito con salchicha china

Tiempo de preparación: 30 minutos

Dificultad: Media

Para 4 personas

Ingredientes:

- **350 g de salchicha china**
- **2 cucharadas de aceite de girasol**
- **2 cucharadas de aceite de soja oscura**
- **1 cebolla en tiras**
- **175 g de zanahorias en juliana**
- **175 g de guisantes**
- **100 g de piña en conserva escurrida y cortada en dados**
- **275 g de arroz de grano largo**
- **1 huevo batido**
- **1 cucharada de perejil picado**

Elaboración:

Con un cuchillo afilado, corte la salchicha en rodajas finas.

Caliente el aceite en un wok precalentado. Incorpore la salchicha y sofríala durante 5 minutos.

Añada la salsa de soja y deje que hierva 2-3 minutos, o hasta que se caramelice.

Incorpore las tiras de cebolla, la zanahoria, los guisantes y la piña, y rehóguelo todo otros 3 minutos.

Añada el arroz cocido al wok y saltéelo todo durante unos 2-3 minutos, hasta que el arroz esté bien caliente. Vierta el huevo por encima del arroz salteado y déjelo cocer, removiendo los ingredientes, hasta que el huevo se haya cuajado.

Disponga el arroz frito con salchicha en un recipiente caliente, esparza el perejil fresco picado por encima y sírvalo de inmediato.

Arroz con chorizo

Tiempo de preparación: 30 minutos

Dificultad: Media

Para 4 personas

Ingredientes:

- **400 g de arroz**
- **150 g de chorizo**
- **2 tomates**
- **1 cebolla**
- **1 pimiento**
- **1 diente de ajo**
- **aceite de oliva**
- **sal**
- **pimentón**
- **perejil**

Elaboración:

En una cazuela con aceite se fríe el chorizo cortado en rodajas, añadiéndole a continuación la cebolla y el ajo picados , el pimiento cortado a tiras y el tomate pelado y troceado.

Se rehoga el conjunto durante unos minutos y se incorpora el arroz, se sazona con una cucharadita de pimentón se echa el agua necesaria (doble volumen que de arroz).

Se rectifica de sal y se continúa la cocción hasta que el arroz esté en su punto. Antes de servir se espolvorea con perejil picado, previamente rehogado.

Arroz frito con gambas

Tiempo de preparación: 45 minutos

Dificultad: Media

Para 4 personas

INGREDIENTES:

- **300 g de arroz de grano largo**
- **2 huevos**
- **4 cucharaditas de agua fría**
- **3 cucharadas de aceite de girasol**
- **4 cebolletas cortadas en rodajas finas en diagonal**
- **1 diente de ajo majado**
- **125 g de champiñones pequeños cortados en láminas**
- **2 cucharadas de salsa de ostras o de anchoas**
- **200 g de castañas de agua en conserva lavadas y escurridas**
- **250 g de gambas cocidas y peladas**
- **sal**
- **pimienta**
- **berros picados para decorar (opcional)**

ELABORACIÓN:

Lleve una cazuela de agua salada a ebullición. Incorpore el arroz, vuelva a hervir el agua, reduzca el fuego y deje cocer 15-20 minutos, o hasta que el arroz esté tierno. Escúrralo bien, lávelo con agua hirviendo y escúrralo otra vez. Manténgalo caliente.

Bata cada huevo por separado, con 2 cucharaditas de agua fría, sal y pimienta.

Caliente 2 cucharaditas de aceite en un wok y repártalo bien por el fondo hasta que humee.

Vierta un huevo, extiéndalo por el fondo y cuájelo. Retírelo del wok, y haga lo mismo con el segundo huevo. Corte las tortillas en cuadrados de 2,5 centímetros.

Disponga el resto del aceite en el wok y cuando esté bien caliente, añada la cebolleta y el ajo, y sofríalos durante 1 minuto. Incorpore los champiñones y cueza otros 2 minutos.

Incorpore luego la salsa de ostras o anchoas y salpimente. Añada las castañas de agua y las gambas, y sofríalas durante 2 minutos.

Añada el arroz al wok y sofríalo 1 minuto. Incorpore luego los cuadrados de tortilla y sofría todo durante 1-2 minutos, hasta que esté bien caliente. Sírvalo inmediatamente, con los berros picados, si lo desea.

Arroz al horno con bacalao, col y calabaza

Tiempo de preparación: 65 minutos Dificultad: Media Para 4 personas

INGREDIENTES:

- 1/2 kg de bacalao picado
- 6 cucharadas soperas de aceite de oliva
- 1 cebolla mediana picada
- 2 tazas de té de arroz cocido
- 12 hojas de col gallega (asa de cántaro) cortada finamente
- 1/2 calabaza del Japón cortada en trozos pequeños
- las hojas de 10 ramitas de perejil picado
- 1 cucharada sopera de mantequilla
- 2 yemas de huevo
- 1/2 taza de té de crema de leche
- 1/2 taza de té de queso parmesano rallado
- sal al gusto

ELABORACIÓN:

Lave el bacalao, colóquelo en un cuenco con bastante agua y déjelo en remojo durante 24 horas en el frigorífico, cambiando el agua 6 veces. Al día siguiente, escurra el agua y coloque el bacalao en una cazuela.

Añada 1 litro de agua y póngalo en el fuego durante 15 minutos, o hasta que el bacalao quede blando. Remírelo del fuego, escurra el agua y desmenuce el bacalao, eliminando la piel y las espinas. Resérvelo.

Precaliente el horno a temperatura media (180 °C). Ponga en el fuego una cazuela con 3 cucharadas de aceite y la cebolla. Rehogue, moviendo de vez en cuando hasta que la cebolla poche. Añada el bacalao y el arroz y rehóguelo, moviendo de vez en cuando durante 3 minutos.

Retire el sofrito del fuego y reserve. En la misma cazuela, ponga 1 cucharada sopera más de aceite y la col. Rehogue moviendo de vez en cuando, durante 3 minutos o hasta que la col quede en su punto. Sazone, retire la col y reserve.

En la misma sartén, añada el aceite de oliva restante, la calabaza, el perejil, la sal y 4 cucharadas soperas de agua. Guise durante 10 minutos, o hasta que la calabaza quede blanda. Retire del fuego.

Con la mantequilla, unte un molde con agujero en el centro, con capacidad para 2 litros y distribuya en capas alternadas de de arroz con bacalao, col y calabaza. Si lo prefiere utilice moldes individuales. Reserve.

Coloque en un bol las yemas, la crema de leche y el queso. Bata con un batidor manual, y espárzalo sobre el arroz y llévelo al horno durante 25 minutos. Remírelo del horno, desmolde en un plato grande y sirva enseguida.

Arroz con verduras al estilo chino

Tiempo de preparación: 45 minutos　　Dificultad: Alta　　Para 4 personas

INGREDIENTES:

- **350 g de arroz blanco de grano largo**
- **1 cucharadita de cúrcuma**
- **2 cucharadas de aceite de girasol**
- **225 g de calabacines en rodajas**
- **1 pimiento rojo en tiras finas**
- **1 pimiento verde en tiras finas**
- **1 guindilla verde fresca despepitada y muy picada**
- **1 zanahoria rallada no muy fina**
- **150 g de brotes de soja**
- **6 cebolletas cortada en rodajas y un poco más para decorar (opcional)**
- **2 cucharadas de salsa de soja clara**
- **sal**

ELABORACIÓN:

Disponga el arroz y la cúrcuma en una olla con agua salada y llévelo a ebullición. Reduzca el fuego y déjelo cocer suavemente 12-15 minutos, hasta que el arroz esté tierno. Escúrralo y séquelo completamente apretándolo con un poco de papel de cocina absorbente. Resérvelo.

Caliente el aceite de girasol en un wok grande precalentado. Añada el calabacín y saltéelo durante 2 minutos. Añada luego el pimiento y la guindilla, y sofríalos 2-3 minutos.

Incorpore el arroz cocido poco a poco, en tandas, removiéndolo bien cada vez.

Añada después la zanahoria, los brotes de soja y la cebolleta picada al wok, y siga sofriéndolo todo durante otros 2 minutos. Aliñe el arroz con la salsa de soja y sírvalo decorado con el resto de la cebolleta, si lo desea.

SUGERENCIA:

Si desea un plato de lujo, sustituya la cúrcuma por unas hebras de azafrán.

Arroz con codornices y pochas

Tiempo de preparación: 60 minutos | Dificultad: Media | Para 4 personas

Ingredientes:

- **200 g de arroz**
- **500 g de pochas**
- **4 codornices**
- **1 cebolla**
- **1 pimiento verde**
- **1 pimiento rojo**
- **2 tomates rojos**
- **150 ml de vino blanco**
- **1 hoja de laurel**
- **3 dientes de ajo**
- **sal**
- **aceite de oliva**

Elaboración:

En una olla con un poco de aceite, dorar las codornices sazonadas; retirarlas y añadir los pimientos y la cebolla picados, la hoja de laurel y los ajos enteros.
Incorporar un poco después los tomates en dados, dejar freír y mojar con el vino.
Dejar que se evapore el alcohol y añadir las pochas lavadas.
Cubrir de agua, dejar cocer 25 minutos, agregando entonces el arroz y las codornices.
Hervir durante 15 minutos más y rectificar de sal si hiciera falta.
Retirar las codornices, trocearlas cuidadosamente y servirlas en los platos sobre el arroz.

Arroz con cangrejo

Tiempo de preparación: 35 minutos
Dificultad: Media
Para 4 personas

Ingredientes:

- **225 g de arroz de grano corto**
- **1,5 l de caldo de pescado**
- **1/2 cucharadita de sal**
- **100 g de salchicha china cortada en rodajas finas**
- **225 g de carne blanca de cangrejo**
- **6 cebollas en rodajas**
- **2 cucharadas de cilantro picado pimienta negra para servir**

Elaboración:

Caliente un wok o una sartén grande e incorpore el arroz. Añada luego el caldo de pescado y llévelo a ebullición.

Reduzca el fuego y déjelo cocer suavemente durante 1 hora, removiéndolo de vez en cuando.

Añada la sal, la salchicha china, la carne de cangrejo, la cebolleta y el cilantro picado, y caliéntelo todo durante unos 5 minutos.

Añada un poco más de agua al wok o a la sartén si observa que el congee ha quedado un poco seco.

Disponga el congee de cangrejo en cuencos calientes individuales y esparza pimienta negra por encima. Sírvalo inmediatamente.

Sugerencia:

La carne de cangrejo debe ser lo más fresca posible. Sin embargo, para esta receta puede utilizar cangrejo congelado o en lata. El cangrejo se suele vender ya cocido y tiene que resultar pesado para su tamaño. Agítelo para asegurarse de que no contiene agua en su interior.

Arroz con costilla de cerdo

Tiempo de preparación: 30 minutos
Dificultad: Media
Para 4 personas

Ingredientes:

- **400 g de arroz**
- **1/2 kg de costilla de cerdo**
- **1 cebolla**
- **2 tomates**
- **1 pimiento**
- **1/2 taza de guisantes desgranados**
- **1 diente de ajo**
- **aceite de oliva**
- **sal**
- **pimentón**

Elaboración:

En una cazuela con aceite se fríen las costillas de cerdo cortadas en trocitos muy pequeños, añadiendo a continuación el ajo y la cebolla picados y el pimiento troceado.

Cuando el conjunto empiece a tomar color se añade el tomate previamente pelado y troceado.

Seguidamente se incorporan el arroz y los guisantes y se remueve todo junto para que se mezcle muy bien.

Finalmente se añade el pimentón y se cubre con el agua necesaria (doble cantidad que de arroz) para que el grano quede suelto.

Arroz de cuxá

Tiempo de preparación: 60 minutos | Dificultad: Media | Para 4 personas

INGREDIENTES:

- **2 1/2 tazas de té de arroz lavado y escurrido**
- **9 cucharadas soperas de aceite de oliva**
- **1,5 kg de gambas pequeñas peladas**
- **4 cucharadas soperas de zumo de limón**
- **1 manojo mediano de planta vinajera**
- **300 g de gambas cocidas saladas y limpias**
- **1 taza de té de harina de mandioca**
- **1 taza de té de sésamo o ajonjolí tostado**
- **4 tomates medianos bien maduros sin piel ni pepitas**
- **750 g de quiabos pequeños muy verdes**
- **1 cebolla grande rallada**
- **4 dientes de ajo machacados**
- **2 tazas de té de hiervas frescas (perejil, cilantro, cebollino) picado**
- **1 cucharada de té de pimienta roja machacada**
- **2 cucharadas soperas de vinagre**

ELABORACIÓN:

En una cazuela, caliente 4 cucharadas de aceite y rehogue el arroz, sin parar de remover, durante 6 minutos, o hasta que el arroz quede brillante.

Añada 5 tazas de té de agua hirviendo, mezcle y tape parcialmente la cazuela. Reduzca el fuego y cocine durante 12 minutos o hasta que el arroz quede al dente.

Macere las gambas en el zumo de limón. Lave la vinajera y colóquela en una cazuela con litro y medio de agua.

Pórgala en el fuego y cocine durante 10 minutos, o hasta que los tallos de la acedía queden tiernos.

Retire del fuego, escurra bien para quitar el exceso de líquido. Reserve esa agua.

Coloque la vinajera en una tabla y triture con un cuchillo hasta obtener una pasta.

Pase por la batidora las gambas cocidas, la harina de mandioca y el sésamo, hasta obtener una papilla. Triture con un tenedor la pulpa de los tomates y resérvelo.

Lave y limpie los quiabos y séquelos con un paño de papel. Extiéndalos sobre el paño de papel cambiando éste si fuese necesario.

Caliente en una cazuela el aceite de oliva restante y rehogue la cebolla y el ajo. Añada las gambas (sin el líquido del adobo) y guíselo, removiendo de vez en cuando, durante 20 minutos o hasta que las gambas queden fritas y el sofrito reducido.

Añada el tomate, las hierbas y deje durante 10 minutos más. En un litro de agua hirviendo ponga el quiabo y el vinagre y cueza moviendo de vez en cuando durante 35 minutos o hasta que el quiabo casi se deshaga.

En seguida, añada la papilla, la acedía, la pimienta roja y 1 taza de té del líquido del cocimiento de la vinajera.

Cueza, sin parar de remover durante otros 5 minutos o hasta que el caldo espese. Extienda el arroz muy caliente en una fuente, y cúbralo con el mingau de cuxá y sirva.

Arroz campestre

Tiempo de preparación: 50 minutos — Dificultad: Media — Para 4 personas

INGREDIENTES:

- **400 g de arroz**
- **200 g de panceta ahumada**
- **200 g de costillas de cerdo adobadas**
- **1 pimiento verde y otro rojo**
- **1 cebolla**
- **1 tomate**
- **100 ml de vino blanco**
- **aceite de oliva**
- **sal**
- **pimienta**
- **perejil picado**
- **caldo de verduras**

ELABORACIÓN:

Poner una paella o sartén lo más amplia posible al fuego con un poco de aceite. Saltear la panceta troceada. Retirarla y hacer lo mismo con las costillas, esperando a que se doren. Una vez doradas, retirarlas y eliminar impurezas del aceite.

Bajar el fuego y pochar a fuego suave la cebolla muy picada durante 5 minutos. Pasado ese tiempo, incorporar los pimientos cortados de igual forma. Dos minutos después, agregar el tomate pelado, sin semillas y picado. Dejar cocinar y reducir casi a seco y agregar el vino blanco. Dejar reducir de nuevo y agregar el arroz.

Rehogar unos minutos e incorporar caldo de verduras en cantidad doble (y un poquito más) que arroz. Es importante que el caldo esté hirviendo ya al verterlo.

Sazonar de sal y pimienta si fuera necesario.

Dejar cocer por espacio de 16-18 minutos, retirar del fuego y dejar reposar 5 minutos antes de espolvorear perejil picado y servir.

Arroz pescador

Tiempo de preparación: 30 minutos — Dificultad: Media — Para 4 personas

INGREDIENTES:

- **400 g de arroz**
- **1/2 kg de cangrejos**
- **1/2 kg de almejas**
- **1 tomate**
- **1 pimiento**
- **1 copa de vino blanco**
- **aceite de oliva**
- **1 cebolla**
- **azafrán**
- **laurel y sal**

ELABORACIÓN:

Se prepara un sofrito con la cebolla, el tomate y el pimiento, pasándolo a continuación por el pasapurés. Se pone en una cazuela y se le incorporan las almejas, los cangrejos troceados y el vino.

Se añade junto con el arroz el azafrán, el laurel y el agua necesaria, dejándolo cocer a fuego lento durante un cuarto de hora. El arroz debe quedar caldoso.

Arroz con mejillones y calamares

Tiempo de preparación: 30 minutos   Dificultad: Media   Para 4 personas

INGREDIENTES:

- **400 g de arroz**
- **1/2 kg de mejillones**
- **300 g de calamares**
- **2 tomates**
- **1 diente de ajo**
- **aceite de oliva**
- **azafrán**
- **sal y perejil**

ELABORACIÓN:

En una cazuela con aceite se prepara un sofrito con perejil y el ajo picado.

A continuación se añaden los mejillones previamente cocidos, separando las valvas, y los calamares limpios y cortados en tiras.

Se rehoga el conjunto durante unos minutos y se añaden los tomates pelados picados.

Finalmente se incorpora el arroz, se añade el agua necesaria (doble volumen que de arroz), se sazona con sal y azafrán y se deja cocer hasta que el grano haya absorbido todo el caldo.

Arroz con congrio

Tiempo de preparación: 30 minutos   Dificultad: Media   Para 4 personas

INGREDIENTES:

- **400 g de arroz**
- **1/2 kg de congrio**
- **1 cebolla**
- **1 pimiento**
- **2 ajos**
- **aceite de oliva**
- **sal**
- **azafrán**

ELABORACIÓN:

En una cazuela con aceite se hace un sofrito con la cebolla, los ajos picados y el pimiento troceado.

Una vez hecho el sofrito se añade el congrio cortado en rodajas, se añade e agua y se sazona con sal y azafrán. Cuando el congrio esté medio cocido, se incorpora el arroz.

Se rectifica de sal y se termina de hacer el plato, dejando cocer el arroz aproximadamente durante veinte minutos.

Ensalada de arroz thailandés con ahumados

Tiempo de preparación: 35 minutos   Dificultad: Baja   Para 6 personas

INGREDIENTES:

- **200 g de arroz de grano largo**
- **200 g de hongos**
- **2 lechugas de colores**
- **8 cigalitas frescas**
- **ajo picado**
- **aceite de oliva virgen**
- **vinagre**
- **mostaza**
- **sal**
- **cebollino**

ELABORACIÓN:

Cocemos el arroz, procurando que quede suelto. Escurrimos y reservamos.

Por otro lado, picamos los hongos en dados de 2 x 2 mm y los salteamos con un poco de aceite, ajo y sal. Dejamos enfriar y reservamos.

Limpiamos las lechugas y las troceamos.

Hacemos una vinagreta con el aceite de oliva, el vinagre de Jerez y la mostaza, en proporción de 4 medidas de aceite por una de vinagre y una cucharada de las de café de mostaza.

Mezclamos cuidadosamente los hongos y el arroz y los aliñamos con parte de la vinagreta.

Con ayuda de un molde, colocamos la mezcla anterior en el centro de un plato; pasamos las lechugas por la vinagreta y las colocamos encima del arroz y dentro del molde.

Salteamos las cigalitas y las colocamos alrededor del molde; desmoldamos, regamos con un hilo de vinagreta y un poco de cebollino picado para decorar.

Arroz integral con verduras de primavera

Tiempo de preparación: 60 minutos Dificultad: Media Para 4 personas

INGREDIENTES:

- **400 g de arroz integral**
- **1,5 l de caldo de verduras**
- **1 zanahoria**
- **100 g de guisantes**
- **150 g de coliflor**
- **4 alcachofas**
- **1 pimiento rojo**
- **1 pimiento verde**
- **1 cebolla**
- **200 g de judías verdes**
- **3 dientes de ajo**
- **3 tomates rojos**
- **100 g de espárragos**
- **aceite de oliva**
- **sal**
- **1 cucharadita (de las de café) de pimentón dulce**

ELABORACIÓN:

Pelamos la zanahoria, la cortamos en medias lunas; lavamos la coliflor y la cortamos en ramilletes; quitamos los pedúnculos de los pimientos y del tomate, retiramos las semillas y cortamos: el tomate en dados y los pimientos en tiras. Limpiamos de hebras las judías verdes y las cortamos en bastones. Retiramos las primeras hojas de las alcachofas y las cortamos en cuartos.

Picamos la cebolla y los ajos. En una paellera con aceite de oliva, sofreímos por este orden: la cebolla, los pimientos, las alcachofas, las judías verdes, las zanahorias, los espárragos, la coliflor, el ajo y el tomate; añadimos también el pimentón y los guisantes. Sofreímos el arroz integral durante un par de minutos, lo mojamos con el caldo y lo ponemos a punto de sal.

Lo dejamos hervir durante 40 minutos aproximadamente, dependiendo de la variedad concreta de arroz integral. Dejamos reposar unos minutos antes de servir.

Arroz turco

Tiempo de preparación: 30 minutos Dificultad: Media Para 4 personas

INGREDIENTES:

- **250 g de arroz**
- **1/4 kg de carne de cordero deshuesada**
- **2 cebolla**
- **2 dientes de ajo**
- **100 g de pasas de corinto**
- **caldo de carne**
- **aceite de oliva**
- **sal, azafrán y pimienta**

ELABORACIÓN:

En una cazuela con aceite se fríe la carne de cordero previamente troceada, añadiendo a continuación las cebollas picadas.

Mientras se rehoga la carne, se pone a hervir el caldo de carne con unas hebras de azafrán, vertiéndolo en la cazuela. Se sazona con sal, pimienta y los ajos machacados y se deja cocer el conjunto hasta que la carne esté tierna.

Seguidamente se añade el arroz y las pasas y se deja hacer al fuego lento hasta que el grano esté en su punto y se haya consumido todo el caldo.

Arroz con almejas y vieiras

Tiempo de preparación: 35 minutos
Dificultad: Media
Para 4 personas

Ingredientes:

- **400 g de arroz**
- **1 pimiento rojo y otro verde**
- **1 cebolla mediana**
- **1 tomate grande y maduro**
- **1 calamar mediano**
- **12 almejas**
- **8 vieiras**
- **fumet de pescado**
- **aceite de oliva**
- **sal**

Elaboración:

Poner paella o sartén amplia y baja al fuego con aceite, el suficiente para cubrir el fondo.

Pelar y cortar la cebolla en daditos. Sofreírla, agregando un poco más tarde los pimientos, despepitados, desvenados y cortados en daditos similares a la cebolla.

Agregar un poco de sal y, un poco después, el tomate cortado también en dados (pelado y sin semillas).

Cuando todo esté blandito, agregar el calamar limpio y cortado en trocitos y un poco después el arroz y las vieiras.

Rehogar unos minutos, retirar las vieiras y mojar con el doble volumen y un poco más de fumet hirviendo.

Cocinar por espacio de 13 minutos desde el momento en que recupere el hervor.

Incorporar las almejas limpias y depuradas y un poco más tarde las vieiras.

Cocinar 5 minutos y retirar del fuego, dejando reposar 5 minutos más antes de servirlo.

Arroz con caballa

Tiempo de preparación: 30 minutos
Dificultad: Media
Para 4 personas

Ingredientes:

- **400 g de arroz**
- **1/2 kg de caballa**
- **2 pimientos verdes**
- **1/2 kg de tomate**
- **2 dientes de ajo**
- **guisantes desgranados**
- **aceitre de oliva**
- **sal**
- **perejil**

Elaboración:

Se limpia la caballa, se corta en rodajas gruesas y se reserva en una escurridera, salándola ligeramente.

En una cazuela con aceite se hace un sofrito con el tomate cortado y pelado, el pimiento en tiras, y los dientes de ajo y el perejil previamente pasados por el mortero.

Se añaden los guisantes y se les dan un par de vueltas y, finalmente, se agrega el arroz.

Se mezcla todo bien, se le añade agua hirviendo y se deja cocer a fuego vivo.

Cuando el arroz esté medio hecho se añaden las rodajas de caballa, manteniendo la cocción hasta que el arroz esté en su punto.

Este plato debe quedar como una paella.

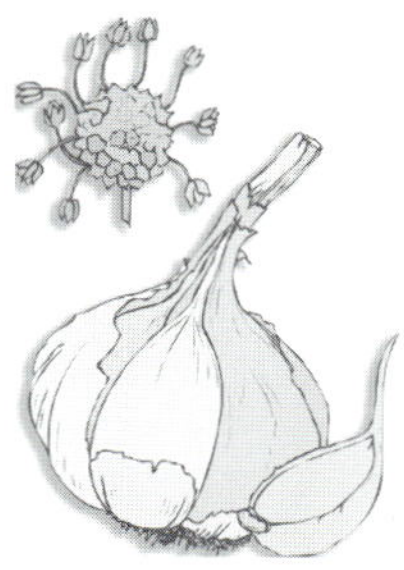

Arroz rápido caldoso con mejillones, almejas y gambas

Tiempo de preparación: 30 minutos | Dificultad: Baja | Para 4 personas

INGREDIENTES:

- **1 cebolla**
- **3 dientes de ajo**
- **250 g de tomate frito**
- **1 pimiento rojo**
- **200 g de carne de mejillones congelados**
- **250 g de almejas**
- **200 de gambas congeladas**
- **caldo de pescado**
- **500 g de arroz rápido (cinco minutos de cocción)**
- **aceite de oliva y sal**

ELABORACIÓN:

Picamos la cebolla y los ajos, poniéndolos a pochar con un poco de aceite hasta que estén transparentes. Añadimos los pimientos cortados y lo sofreímos todo junto.

Agregamos el tomate, lo dejamos sofreír de nuevo y añadimos las almejas, los mejillones y las gambas. Incorporamos el caldo de pescado, lo dejamos hervir y echamos el arroz.

Lo dejamos hervir unos cinco minutos, dependiendo de nuestro gusto. Ponemos a punto de sal y espolvoreamos perejil picado.

Arroz negro

Tiempo de preparación: 30 minutos | Dificultad: Media | Para 4 personas

INGREDIENTES:

- **400 g de arroz**
- **1/2 kg de jibias o sepias**
- **1 cebolla**
- **2 pimientos**
- **2 tomates**
- **2 dientes de ajo y sal**

ELABORACIÓN:

Se limpian las sepias o jibias, reservando en un recipiente las bolsas de tinta.

Se coloca sobre el fuego una cazuela con aceite y se fríen los ajos y las cebollas picados y los pimientos troceados. Seguidamente se añade la sepia troceada y los tomates pelados y picados.

Se moja el conjunto con un poco de agua y se deja cocer aproximadamente durante media hora.

A continuación se echa el arroz y se moja con el caldo necesario, doble de agua (el arroz debe quedar seco).

A media cocción se agrega la tinta desleída en un poco de caldo y se continúa hasta que el arroz esté en su punto.

Arroz con perdiz y alcachofas

Tiempo de preparación: 30 minutos | Dificultad: Media | Para 4 personas

INGREDIENTES:

- **400 g de arroz**
- **4 perdices**
- **1/2 kg de alcachofas**
- **1 pimiento**
- **1 tomate**
- **2 cebollas**
- **3 dientes ajo**
- **aceite de oliva**
- **sal**
- **azafrán**

ELABORACIÓN:

Se fríen las perdices previamente troceadas y, a continuación, se sofríen los ajos picados, junto con el tomate pelado y troceado, el pimiento cortado a tiras y los corazones de alcachofa partidos en cuartos. Una vez todo bien frito se añade el agua, se sazona con azafrán y sal y se deja cocer, aproximadamente tres cuartos de hora, según como sea de tierna la carne.

Pasado ese tiempo, se incorpora el arroz, dejándolo sobre el fuego hasta que el grano esté en su punto.

Paella marinera

Tiempo de preparación: 30 minutos | Dificultad: Media | Para 4 personas

INGREDIENTES:

- **400 g de arroz**
- **200 g de sepia**
- **200 g de rape**
- **100 g de gambas**
- **4 cigalas**
- **8 mejillones**
- **50 g de guisantes**
- **1 cebolla**
- **2 tomates**
- **1 pimiento**
- **2 dientes de ajo**
- **1 limón**
- **caldo de pescado**
- **aceite de oliva**
- **perejil**
- **pimentón y sal**

ELABORACIÓN:

Se hace un sofrito con la cebolla, los ajos, los tomates, todo ello muy picado.

Se añade la sepia limpia y cortada en arandelas, el rape troceado, las gambas, las cigalas, los mejillones, los guisantes y un poco de pimentón.

Se incorpora el arroz, se dan unas vueltas al conjunto y se añade el caldo de pescado necesario 8 doble volumen que de arroz), se agrega el azafrán y se deja cocer hasta que el grano esté en su punto, se decora con e limón troceado y se sirve.

Arroz con pisto y chipirones

Tiempo de preparación: 20 minutos Dificultad: Media-baja Para 4 personas

Ingredientes:

- **1 bote de pisto de 1/2 kg (o bien si tenemos tiempo lo hacemos casero)**
- **500 g de arroz cocido**
- **300 g de chipirones limpios**
- **100 ml de vino blanco**
- **2 dientes de ajo y perejil**

Elaboración:

Calentamos el pisto en una sartén y añadimos el arroz, lo mezclamos todo y lo ponemos a punto de sal.
Mientras, hacemos los chipirones en la plancha, con un poco de sal.
En una sartén aparte, sofreímos los ajos picados, añadimos el perejil y el vino blanco, dejamos evaporar el alcohol y lo reservamos.

Sugerencia:

Colocamos el arroz con el pisto en el centro del plato, alrededor los chipirones y encima colocamos las patitas; añadimos el refrito de ajo por encima de los chipirones.

Arroz caldoso con bogavante

Tiempo de preparación: 45 minutos

Dificultad: Media-alta

Para 4 personas

INGREDIENTES:

- **2 bogavantes de 500-600 g cada uno**
- **1 cebolla**
- **2 tomates maduros**
- **2 dientes de ajo**
- **2 l de caldo de pescado**
- **50 g de almendras tiernas**
- **1 cucharadita (de las de café) de azafrán**
- **400 g de arroz bomba de Calasparra**
- **aceite de oliva**
- **sal**

Para el caldo de bogavante:

- **1 zanahoria**
- **1 puerro**
- **1 cebolla**
- **1 cabeza de ajos**
- **las cabezas de los bogavantes**
- **100 ml de brandy**
- **1 rama de apio**
- **sal**

ELABORACIÓN:

Cortar los bogavantes en rodajas. Separar las cabeza, retirarles el "coral" (la parte más roja y sabrosa del interior de la cabeza) junto con todo el jugo que se pueda recoger y reservarlo.

Para el caldo: pelar y lavar las verduras; sofreírlas con un poco de aceite. Cuando estén doradas, añadir las cabezas de bogavante troceadas, dejar que se doren y agregar el brandy. Dejar evaporar el alcohol y añadir el caldo de pescado. Hervir durante 30 minutos, escurrir y reservar.

Machacar en un mortero el azafrán. Añadir las almendras doradas en una sartén con un poco de aceite y seguimos majando; incorporar el coral del bogavante y seguir trabajando hasta que quede una pasta. Reservar.

Dorar los trozos de bogavante con un poco de sal y aceite. Retirarlos, pelar la cebolla y ajos y sofreírlos en el mismo puchero con un poco de aceite. Cuando estén dorados, añadir el tomate cortado en dados. Rehogar, añadir el arroz y sofreír todo durante unos minutos. Cubrir con el caldo de bogavante y hervir 12 minutos.

Añadir los bogavantes y la picada de azafrán y cocer durante 3-4 minutos, dejándolo un poco caldoso, ponerlo a punto de sal y retirarlo.

SUGERENCIA:

Servir el arroz en un plato sopero y, sobre éste, los trozos de bogavante, espolvoreando un poco de perejil picado.

Pincho de arroz con kiwi

Tiempo de preparación: 15 minutos
Dificultad: Baja
Para 4 personas

Ingredientes:

- **100 g de arroz de grano largo cocido**
- **2 pimientos del piquillo**
- **50 g de mahonesa ligera**
- **1/2 manzana reineta**
- **1 kiwi**
- **pan de molde**

Elaboración:

Escurrimos los pimientos de sus líquidos y los picamos en cuadraditos.

Mezclamos los pimientos junto con el arroz y la manzana, también picada.

Unimos todo con la mahonesa, procurando que quede bien distribuido y ligado.

Tostamos el pan de molde cortado en rectángulos y disponemos sobre él la mezcla.

Sugerencia:

Cortamos el kiwi en rodajas y colocamos dos de ellas en cada tostada, decorando con cebollino picado por encima.

Arroz con berberechos

Tiempo de preparación: 35 minutos | Dificultad: Media | Para 4 personas

Ingredientes:

- 1 kg de berberechos
- 2 dl de aceite
- 400 g de arroz
- 4 dientes de ajo
- 1 manojo de cilantros
- pimienta
- sal

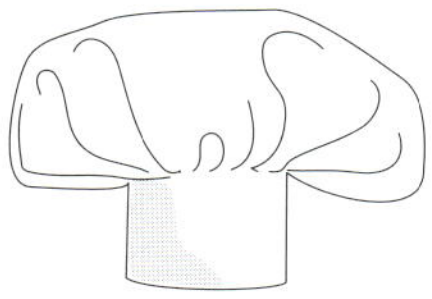

Elaboración:

Deje, durante algunas horas, los berberechos en agua con sal para que pierdan las arenas.

Después, lávelos en varias aguas frías y póngalos a abrir, a fuego fuerte, en una cacerola con agua.

Guarde este agua que debe cubrir los berberechos.

A parte, pele los ajos, córtelos en rodajas y llévelos a rehogar lentamente en aceite sin dejarlos dorar.

Retire los berberechos y cuele el agua de la cocción. Agréguela al guiso y, cuando levante el hervor sumerja una rama de cilantros atados.

Deje hervir un poco más, retire la rama de cilantros y añada el arroz, anteriormente lavado.

Cuando el arroz esté casi cocido, aderece con pimienta y deje que termine de cocer.

Una vez cocido mezcle los berberechos, sin cáscara y los cilantros troceados. Sirva de inmediato.

Arroz con riñones de ternera

Tiempo de preparación: 30 minutos | Dificultad: Media | Para 4 personas

Ingredientes:

- 400 g de arroz
- 1/2 kg de riñones
- 1 copa de vino de jerez
- aceite de oliva
- mantequilla
- sal
- perejil

Elaboración:

Se cuece el arroz en agua con sal, se escurre, se saltea en un poco de mantequilla y se moldea en una flanera. Entretanto se limpian y trocean menudamente los riñones, se rehogan en una sartén con aceite, añadiéndoles el vino y el perejil picado.

Finalmente, se vierten sobre el molde de arroz y se sirve enseguida.

Arroz con sardinas

Tiempo de preparación: 35 minutos

Dificultad: Media

Para 4 personas

INGREDIENTES:

- **12 sardinas**
- **400 g de arroz**
- **2 cebollas**
- **4 tomates (maduros)**
- **2 dl de aceite**
- **1 hoja de laurel**
- **sal**
- **pimienta**

ELABORACIÓN:

Descame las sardinas y quíteles las tripas. Lávelas, enseguida, en agua corriente.
Aderécelas con sal. Mientras tanto, haga un guiso con el aceite y las cebollas troceadas.
Déjelas ablandar y mezcle los tomates limpios de pieles y semillas y partidos en cuartos.
Aderece con sal (poca) y pimienta. Cuando el tomate esté casi hecho puré, añada las sardinas y deje rehogar lentamente.
Cuando las sardinas estén rehogadas, sáquelas y resérvelas, en un plato a parte. Entonces, añada agua al guiso (tres veces el volumen de arroz), deje levantar el hervor y rectifique aderezos.
Meta el arroz lavado y escurrido.
Cuando esté casi listo, coloque las sardinas encima y sirva.

Arroz frito con cerdo a la guindilla dulce

Tiempo de preparación: 35 minutos | Dificultad: Media | Para 4 personas

INGREDIENTES:

- **450 g de solomillo de cerdo**
- **2 cucharadas de aceite de girasol**
- **2 cucharadas de salsa de guindilla dulce y un poco más para servir (opcional)**
- **1 cebolla en rodajas**
- **175 g de zanahorias en juliana**
- **175 g de calabacines en juliana**
- **100 g de brotes de bambú en conserva, lavados y escurridos**
- **275 g de arroz de grano largo cocido**
- **1 huevo batido**
- **1 cucharada de perejil picado**

ELABORACIÓN:

Con un cuchillo afilado, corte el solomillo de cerdo en tiras finas. Caliente el aceite en un wok o una sartén grande precalentados. Incorpore ahora la carne de cerdo y saltéela unos 5 minutos.

Añada la salsa de guindilla dulce y deje que hierva 2-3 minutos, o hasta que se espese.

Añada la cebolla, la zanahoria, el calabacín y los brotes de bambú, y sofríalos durante 3 minutos.

Incorpore el arroz cocido y saltéelo 2-3 minutos, o hasta que el arroz esté bien caliente.

Vierta el huevo batido sobre el arroz y revuelva todos los ingredientes con 2 cucharas hasta que el huevo se cuaje.

Esparza perejil picado por encima y sírvalo inmediatamente, con el resto de la salsa de guindilla dulce, si lo desea.

SUGERENCIA:

Para preparar este plato de una forma realmente rápida, use verdura congelada en lugar de fresca.

Arroz con judías a la "Beira litoral"

Tiempo de preparación: 20 minutos   Dificultad: Baja   Para 4 personas

INGREDIENTES:

- **1 taza de judías roja cocidas**
- **400 g de arroz**
- **1 cebolla**
- **1 dl de aceite**
- **sal**
- **2 dientes de ajo**

ELABORACIÓN:

Se dora la cebolla picada en el aceite, se añaden los ajos picados y por último las judías.

Se rehoga un poco y se le añade, lo que será el triple del volumen del arroz.

Cuando hierva se le echa el arroz ya lavado. Tras 9 minutos estará cocido, pues debe quedar con algo de salsa.

Arroz con espinacas y conejo

Tiempo de preparación: 30 minutos   Dificultad: Media   Para 4 personas

INGREDIENTES:

- **400 g de arroz**
- **1/2 kg de conejo**
- **1/2 kg de espinacas**
- **1 tomate**
- **2 dientes de ajo**
- **aceite de oliva**
- **sal**
- **azafrán**

ELABORACIÓN:

En una cazuela con aceite se saltea el conejo, previamente troceado.

Seguidamente se incorpora el ajo picado, el tomate troceado y pelado y las espinacas limpias y picadas. Una vez bien sofrito todo se incorpora el arroz, se le da unas vueltas y se incorpora el agua necesaria (el arroz debe quedar seco): se sazona con sal y azafrán y se deja cocer durante diez minutos.

A continuación se retira del fuego y se lleva al horno, hasta que el grano esté en su punto.

Arroz al horno a la manera del Duero

Tiempo de preparación: 35 minutos
Dificultad: Media
Para 4 personas

Ingredientes:

- **300 g de carne de vaca**
- **300 g de carne de cerdo**
- **1 pedazo de jamón**
- **1 chorizo de carne**
- **1/2 gallina**
- **1 kg de arroz**
- **1 cucharada de azafrán**
- **2 cebollas**
- **1 ramo de perejil**
- **sal**
- **pimienta**

Elaboración:

Se cuecen las carnes, en una olla con 2 litros de agua, junto con 1 cebolla partida y el ramo de perejil.

Cuando estén bien cocidas las carnes, se cuela el agua y se pone en una cazuela de barro.

Se le añade el azafrán disuelto en agua, la otra cebolla picada y, cuando hierva, se introduce el arroz bien lavado.

Se lleva a un horno bien caliente.

Se sirven las carnes como acompañamiento.

Arroz tartana

Tiempo de preparación: 30 minutos
Dificultad: Media
Para 4 personas

INGREDIENTES:

- **400 g de arroz**
- **1/2 kg de pollo**
- **100 g de jamón serrano**
- **200 g de ciruelas pasas**
- **1 manzana reineta**
- **2 cucharadas soperas de piñones**
- **1 cebolla**
- **1 tomate**
- **1 copa de vino rancio**
- **aceite de oliva**
- **sal**
- **pimentón**

ELABORACIÓN:

Se pone a calentar una cazuela con aceite y se rehoga el pollo troceado, junto con el jamón cortado en dados, la cebolla picada y el tomate pelado y troceado.

Se sazona con sal y pimentón y se riega con el vino.

A continuación se añade al rehogado las ciruelas deshuesadas, las manzanas troceadas y los piñones.

Se da unas vueltas al conjunto, se incorpora el arroz y se añade el caldo necesario (doble volumen que de arroz).

Se deja cocer a fuego vivo al principio y suave después.

Arroz con navajas

Tiempo de preparación: 20 minutos   Dificultad: Baja   Para 4 personas

INGREDIENTES:

- **500 g de navajas**
- **3 cucharas de aceite**
- **2 dientes de ajo**
- **2 tazas de arroz**
- **sal y pimienta**
- **agua**

ELABORACIÓN:

Se ponen las navajas en agua y sal para que suelten la arena. Se lavan bien y se deja que se abran en una olla con agua. Se retiran las conchas y se cuela el agua.

Se rehoga la cebolla picada en el aceite, con el ajo.

Se añade el agua (tres veces el volumen del arroz) y se adereza con sal y pimienta.

Después se añade el perejil picado y las navajas cortadas en taquitos. Se añade el arroz y se deja cocer, quedando al final con bastante salsa.

Arroz de berberechos al estilo Algarve

Tiempo de preparación: 25 minutos   Dificultad: Media   Para 4 personas

INGREDIENTES:

- **1 kg de berberechos**
- **2 tazas de arroz**
- **1,5 dl de aceite**
- **5 dientes de ajo**
- **1 manojo de cilantro**
- **sal**
- **pimienta**

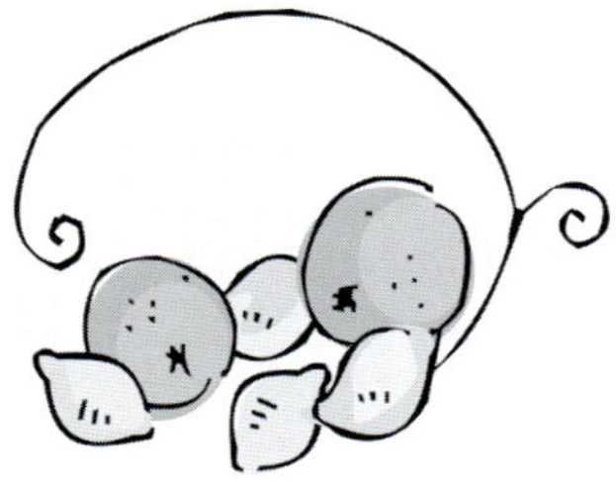

ELABORACIÓN:

Se abren los berberechos al fuego, después de que estén bien lavados. Se le añade algo de agua y se deja hervir. Se doran los ajos en el aceite, sin dejar que se frían.

Se cuela el agua de los berberechos y se miden para que su volumen sea el triple del volumen del arroz. Se añaden al guiso. Después se añade el manojo de cilantro atado y se deja hervir un poco. A continuación se colocan los berberechos.

Después se retira el cilantro y se echa el arroz. Se pone a punto de sal y pimienta.

Cuando esté cocido se añade el cilantro picado.

Arroz con judías al estilo del Miño

Tiempo de preparación: 35 minutos | Dificultad: Media | Para 4 personas

INGREDIENTES:

- **1 taza de judías rojas remojadas**
- **300 g de arroz**
- **1 chorizo de carne y 1 morcilla**
- **50 g de tocino ahumado**
- **1 dl de aceite**
- **1 cebolla picada**
- **3 dientes de ajo**
- **3 tomates maduros**

ELABORACIÓN:

Se hace un rehogado en el aceite de la cebolla junto con los ajos picados y los tomates en tacos.

Se ponen las judías a cocer y, a mitad de la cocción, se introducen las carnes.

Una vez cocidas se cortan en trozos. Se añade todo al rehogado. Se verifica la cantidad de agua para cocer el arroz y se pone a punto de sal.

Después se introduce el arroz. Cuando el arroz esté cocido, estará listo.

Arroz con azafrán

Tiempo de preparación: 35 minutos   Dificultad: Media   Para 6 personas

Ingredientes:

- 6 chuletas de cabrito (1 por persona)
- 2 cebollas
- 1,5 dl de aceite
- 100 g de jamón
- 3 dientes de ajo
- 2 limones
- 1,5 l de caldo de carne
- 500 g de arroz
- azafrán
- sal y pimienta

Elaboración:

Lave y aderece, con sal, pimienta y zumo de limón, las chuletas de cabrito.

A parte, haga un sofrito con el aceite, las cebollas, los ajos troceados y el jamón en taquitos. Cuando la cebolla esté dorada, introduzca las chuletas y, moviendo siempre, déjelas dorar. Entonces, añada el caldo de carne, hecho previamente.

Cuando levante el hervor, añada el arroz y el azafrán disuelto en limón. Remueva para mezclar bien y, cuando levante el hervor, rectifique los aderezos, y meta en el horno caliente hasta estar listo.

Nota:

Este arroz, contrariamente a lo que se pueda pensar, es un plato completo y no un acompañamiento.

Arroz de cabidela la "Beira alta"

Tiempo de preparación: 40 minutos   Dificultad: Media   Para 4 personas

Ingredientes:

- 400 g de arroz
- 1 gallina
- 0,5 dl de vinagre
- 2 cebollas
- 1 dl de aceite
- 2 dientes de ajo
- perejil (una ramita)
- 1 hoja de laurel
- un trozo de bacanta amarga
- sal y pimienta

Elaboración:

Al matar la gallina se aprovecha la sangre juntándola con el vinagre. Se corta la gallina en trozos y se calienta con las cebollas picadas, el aceite, el ajo, el perejil (la ramita) y un trozo de bacanta amarga. Si fuera necesario se añade un poco de caldo o agua. Cuando esté cocido se añade agua suficiente para el arroz, más o menos tres veces el volumen del arroz. Cuando hierva se introduce el arroz ya lavado.

Al final de la cocción se añade la sangre y queda en el fuego sólo hasta que hierva. Se sirve inmediatamente.

Arroz al estilo del Ribatejo

Tiempo de preparación: 20 minutos | Dificultad: Baja | Para 2 personas

INGREDIENTES:

- **2 tazas de arroz**
- **1 dl de aceite**
- **14 dientes de ajo**
- **1 cebolla pequeña**
- **sal**

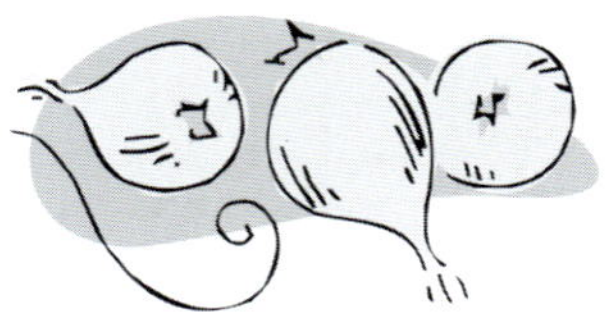

ELABORACIÓN:

Se doran los ajos en el aceite, se retiran y se echan 4 tazas de agua caliente.

Se adereza con sal. Cuando hierva se introduce el arroz ya lavado.

Arroz con lapas

Tiempo de preparación: 25 minutos | Dificultad: Baja | Para 4 personas

INGREDIENTES:

- **1 kg de lapas**
- **500 g de arroz**
- **2 cebollas (pequeñas)**
- **3 dientes de ajo**
- **2 clavos**
- **1 hoja de laurel**
- **1 rama de perejil**
- **1 tomate**
- **1,5 dl de aceite**
- **1 copa de vino de Madeira (seco)**
- **pimienta en grano**
- **sal gruesa**

ELABORACIÓN:

Después de pasadas por agua corriente, lleve las lapas a cocer en un poco de agua. Retírelas cuando estén cocidas y reserve el agua.

Haga un guiso con el aceite, las cebollas troceadas finamente, los ajos chafados, el laurel partido, el tomate sin semillas y pelado, los clavos y una pizca de pimienta molida en el momento.

Estando apurado, añada el vino de Madeira y el agua reservada y colada en cantidad suficiente para cocer el arroz.

Cuando comience a hervir añada el perejil troceado y rectifique aderezos. Una vez levantado el hervor introduzca el arroz, después de lavado.

Cuando comience a secar añada las lapas y mueva el preparado. Sirva caliente y caldoso.

Arroz caldoso con navajas

Tiempo de preparación: 35 minutos
Dificultad: Baja
Para 4 personas

Ingredientes:

- **30 navajas**
- **2 cebollas**
- **0,8 dl de aceite**
- **2 dientes de ajo**
- **1 clavo**
- **1 rama de perejil**
- **400 g de arroz**
- **pimienta**
- **sal**

Elaboración:

Deje las navajas en remojo en agua con sal, cerca de 6 horas para que suelten la arena.

Seguidamente, lávelos en varias aguas y llévelos a abrir en una olla cubriéndolos con agua y a fuego fuerte. Una vez abiertos retírelos, cuele el agua y resérvela.

Pique las cebollas en trozos grandes y dórelas en aceite, junto con los dientes de ajo, el clavo y la pimienta.

Añada el perejil y el agua en que abrió las navajas (3 veces el volumen del arroz), cuando la cebolla este bien cocida.

Deje levantar el hervor e introduzca el arroz lavado, escurrido y las navajas cortadas (si prefiere déjelas enteras).

Ponga el arroz a cocer a fuego lento, rectifique aderezos y sirva. Tenga en cuenta que este arroz debe quedar caldoso.

Arroz con guisantes y jamón

Tiempo de preparación: 60 minutos
Dificultad: Media
Para 4 personas

Ingredientes:

- **400 g de arroz**
- **300 g de guisantes desgranados**
- **6 ajos tiernos**
- **200 g de jamón serrano**
- **aceite de oliva**
- **sal**
- **perejil**

Elaboración:

En una cazuela con aceite se saltea el jamón cortado a daditos, junto con el ajo picado.

A continuación se añaden los guisantes, se saltean durante unos minutos y se incorpora el arroz.

Se moja con el agua necesaria (doble volumen de agua que de arroz) y se sazona.

Se eja cocer hasta que el arroz quede sin caldo y al ir a servir se espolvorea con perejil muy picado.

Arroz con cabrito

Tiempo de preparación: 60 minutos   Dificultad: Media   Para 4 personas

INGREDIENTES:

- **3 kg de cabrito**
- **1 kg de arroz**
- **3 dl de vino blanco**
- **300 g de tocino gordo**
- **100 g de manteca**
- **6 ajos**
- **caldo de carne**
- **azafrán**
- **sal**
- **pimienta**

ELABORACIÓN:

Limpie el cabrito y déjelo en remojo en agua y sal cerca de 3 horas.

Chafe muy bien los ajos junto con la sal y la pimienta, retire el cabrito del agua y frótelo con la masa preparada.

Enseguida, riéguelo con vino blanco y recoja ese mismo líquido en un recipiente donde pueda introducir el cabrito.

Tape la bandeja y déjela así durante un día. Al día siguiente, lleve el cabrito al horno, untado con manteca y cubierto con tiras de tocino.

De vez en cuando, riéguelo con el caldo de carne.

Diluya el azafrán en agua caliente, y, cuando el cabrito esté casi asado, riéguelo con el azafrán y con la salsa de la bandeja.

Deje acabar de asar y retírelo. Añada a la salsa el caldo de carne necesario para cocer el arroz (1 parte de salsa/3 partes de caldo).

Ponga el arroz a cocer en este preparado y cuando levante el hervor, métalo en el horno para acabar de cocinar.

Trinche el cabrito y sírvalo sobre el arroz.

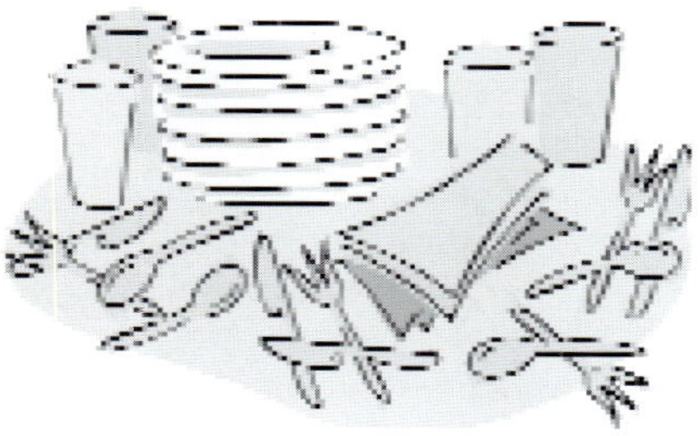

Arroz con manzanas al horno

Tiempo de preparación: 30 minutos Dificultad: Media Para 4 personas

INGREDIENTES:

- **200 g de arroz**
- **1 l de leche**
- **1 cucharada de mantequilla (manteca)**
- **sal**
- **4 huevos**
- **4 manzanas ácidas**
- **150 g de azúcar**
- **jugo de 1 limón**
- **1/2 taza de agua**

ELABORACIÓN:

Hervir la leche, agregar el arroz y hervirlo durante unos 15 minutos, agregar 100 g de azúcar y completar la cocción hasta que el arroz esté tierno. Retirar del calor el arroz con leche.

Pelar, retirar las semillas a las manzanas, cortarlas por la mitad y cocinarlas con 25 g de azúcar, el jugo de limón y el agua, durante unos 5 minutos o hasta que estén apenas tiernas, en una cacerola tapada.

Separar las claras y yemas de los huevos. Agregar las yemas al arroz con leche aún caliente y colocar la mitad en una fuente de horno untada con mantequilla y colocar encima las manzanas escurridas; taparlas con el resto del arroz.

Batir las claras a punto de nieve con una pizca de sal, añadir los 25 g del azúcar restante, seguir batiendo hasta que esté listo y brillante.

Cubrir con este merengue la preparación y llevar la fuente al horno ligeramente fuerte hasta dorar.

Servir tibio o frío.

SUGERENCIA:

Si se desea acompañar con el almíbar de cocción de las manzanas, mezclarlo com mermeladas, a gusto.

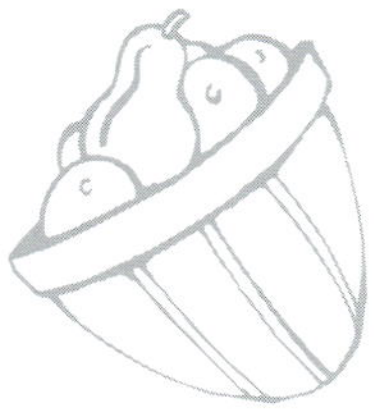

Arroz vegetal

Tiempo de preparación: 45 minutos | Dificultad: Media | Para 4-6 personas

Ingredientes:

- **2 cucharadas de aceite**
- **2 puerros cortados en rodajas**
- **1 trozo de raíz de jengibre finamente picada**
- **1 diente de ajo cortado en rodajas**
- **250 g de arroz de grano grande**
- **sal 250 g de verdura fresca cortada en tiras**

Elaboración:

Caliente en un wok o una sartén profunda, añada los puerros, el jengibre y el ajo y fía rápidamente durante 30 segundos.
Añada el arroz, removiendo para que se empape con el aceite.
Añada la suficiente agua hirviendo como para cubrir el arroz.
Sazone a su gusto con sal. Lleve a ebullición, cubra y deje hervir a fuego lento durante 5 minutos.
Añada la verdura, vuelva a llevar a ebullición y deje hervir a fuego lento entre 7 y 9 minutos, hasta que el arroz esté tierno.
Escurra y sirva inmediatamente.

Arroz trauttmansdorff

Tiempo de preparación: 30 minutos | Dificultad: Media | Para 4 personas

Ingredientes:

- **125 g de arroz**
- **1/2 l de leche**
- **1 pizca de sal**
- **1 trocito de corteza de limón**
- **3 cucharadas de azúcar**
- **1 lata de cóctel de frutas**
- **1/4 l de nata (crema de leche)**
- **2 sobrecitos de gelatina (jaletina, grenetina) en polvo sin sabor (14 g)**

Elaboración:

Hervir la leche; agregarle el arroz, la sal y la corteza de limón (solamente la parte amarilla) y cocinar sobre fuego lento hasta que el arroz esté tierno.
Añadir el azúcar y retirar del fuego, dejando enfriar y poniendo en lugar fresco.
Sacar las frutas del envase y escurrirlas bien. Ablandar la gelatina en una taza de almíbar de la frutas, llevándolas al calor hasta que se disuelva, revolviendo siempre y agregándola el arroz con lecha, junto con la nata batida ligeramente. Mezclar bien.
Aparte enjuagar un molde liso con agua fría y poner en él una capa de frutas, luego otra de arroz y así alternar hasta terminar con arroz, prensando bien cada vez.
Dejar en la heladera durante 1 hora como mínimo. Pasar el molde por agua caliente y desmoldar.
Adornar la superficie con algunas de las grutas (por ejemplo, cerezas) previamente reservadas. Servir con jalea de frambuesas de tibia.

Índice